Hochbegabte Erwachsene – ähnlich und doch irgendwie anders

AF550120

Julia Rau

Hochbegabte Erwachsene – ähnlich und doch irgendwie anders

Merkmale, Umgangsstrategien und Rahmenbedingungen im Alltag

Waxmann 2019
Münster • New York

Bibliografische Informationen der Deutschen Nationalbibliothek
Die Deutsche Nationalbibliothek verzeichnet diese Publikation in der Deutschen Nationalbibliografie; detaillierte bibliografische Daten sind im Internet über http://dnb.dnb.de abrufbar

Print-ISBN 978-3-8309-3993-1
E-Book-ISBN 978-3-8309-8993-6

© Waxmann Verlag GmbH, 2019
Steinfurter Straße 555, 48159 Münster

www.waxmann.com
info@waxmann.com

Umschlaggestaltung: Anne Breitenbach, Münster
Titelbild: © frentusha/ www.istockphoto.com
Druck: CPI Books GmbH, Leck
Gedruckt auf alterungsbeständigem Papier, säurefrei gemäß ISO 9706

Printed in Germany

Alle Rechte vorbehalten. Nachdruck, auch auszugsweise, verboten.
Kein Teil dieses Werkes darf ohne schriftliche Genehmigung des Verlages in irgendeiner Form reproduziert oder unter Verwendung elektronischer Systeme verarbeitet, vervielfältigt oder verbreitet werden.

Inhalt

Vorwort

Liebe Leserin, lieber Leser,
das Wichtigste und eigentlich Selbstverständlichste zu diesem Buch zu Beginn: Jede Hochbegabte und jeder Hochbegabte ist einzigartig! Jede hochbegabte Person ist anders als die anderen, hat andere Talente, Begabungen, Erfahrungen, genetische Ausgangssituationen und vieles mehr. So können die in diesem Buch beschriebenen Eigenschaften Hochbegabter natürlich nicht für alle hochbegabten Personen gleichermaßen gelten, und die Anregungen und Ideen sind sicher nicht für alle geeignet. Ein Patentrezept für den Umgang mit Hochbegabung gibt es nicht. Das ist ganz logisch. Dennoch: Es gibt viele Ähnlichkeiten und Gemeinsamkeiten, von denen viele in diesem Buch beschrieben werden. Jeder, den es betrifft, ist hier selbst gefragt, das für sie oder ihn Passende herauszusuchen und – wenn gewünscht – in ihr oder sein Leben zu integrieren. Das Buch soll dazu beitragen, dass sich Hochbegabte selber besser verstehen und mit ihrer Hochbegabung ein wunderbares und erfülltes Leben leben. Ebenso sollen andere mehr über das Phänomen Hochbegabung erfahren, um es besser einordnen und damit umgehen zu können. Mehr Kenntnisse über Hochbegabung können helfen, immer noch bestehende Vorurteile oder Fehleinschätzungen zu minimieren und ein unvoreingenommeneres und angenehmeres Miteinander zu ermöglichen.

Manch einer wird sich vielleicht fragen, ob die Merkmale, von denen hier die Rede ist, nicht auf jeden Menschen zutreffen. Ja, diese Eigenschaften kommen sicherlich auch bei Nicht-Hochbegabten vor, jedoch ist die Intensität und Häufigkeit eine andere. Und sind die genannten Anregungen und Umgangsstrategien nicht zu trivial? Nicht immer sind die anspruchsvollen und komplizierten Lösungen und Wege die, die große Erfolge zeigen und gut umsetzbar sind. Oft sind die vermeintlich kleinen Änderungen und Schritte langfristig viel wirkungsvoller und effektiver.

Hochbegabte sind eine sehr heterogene Gruppe, und Hochbegabung kommt in allen gesellschaftlichen Schichten, Berufsgruppen und Kulturen vor. Das macht es nicht einfacher – auch nicht für die Hochbegabten selber. Denn der Großteil der Hochbegabten weiß gar nicht, dass er hochbegabt ist. Viele Erwachsene stoßen eher durch Zufall auf das Thema. Einige durch ihre Kinder, andere durch eine anhaltende Unzufriedenheit im Beruf oder in anderen

Bereichen, wieder andere, weil sie etwas darüber lesen oder hören. Der Grund für die Beschäftigung mit dem Thema kann von reiner Neugier bis zu extremem Leidensdruck reichen. Gerade bei Hochbegabten, bei denen das Leben oder Teile davon nicht so verlaufen, wie sie es sich wünschen, kann das Wissen um die eigene Hochbegabung und was dies für das eigene Leben bedeutet, große, positive Veränderungen hervorrufen. Ich würde mich sehr freuen, einige von ihnen mit diesem Buch zu erreichen.

Die in diesem Buch beschriebenen Erkenntnisse habe ich aus langjähriger Erfahrung als Coach und Beraterin, vielen Gesprächen mit hochbegabten Erwachsenen sowie den Ergebnissen meiner Befragung gewonnen, an der sich über 1.400 Hochbegabte beteiligt haben. Ziel meiner Befragung war es, Erfahrungsberichte aus dem täglichen Leben von Hochbegabten zu sammeln. Hierbei sollte herausgefunden werden, wie sich Hochbegabung im Alltag für die betreffenden Personen zeigt, wie sie ganz konkret mit den verschiedenen Aspekten ihrer Hochbegabung umgehen und welche Rahmenbedingungen sie für hochbegabte Personen als vorteilhaft ansehen. Alle Fragen (außer die zum Alter und Geschlecht der Teilnehmerinnen und Teilnehmer) waren als offene Fragestellung formuliert, um eine größtmögliche Freiheit bei der Beantwortung zu ermöglichen. So war viel Platz für Individualität und neue Erkenntnisse. Es haben 43% Frauen und 56% Männer teilgenommen.[1] Das durchschnittliche Alter der Befragten war 39 Jahre, wobei die Altersspanne insgesamt vom jungen Erwachsenenalter bis 85 Jahre reichte. Beim Erkennen ihrer Hochbegabung waren sie im Durchschnitt 25 ½ Jahre alt, die Altersspanne lag hier zwischen drei und 66 Jahren. Ich hatte nicht mit einer so hohen Teilnehmerzahl und Reaktionsgeschwindigkeit – kamen doch in der ersten Woche bereits über 1.000 Rückmeldungen – gerechnet. Ich war wirklich überwältigt. Umso mehr hat mir diese große Resonanz bestätigt, dass sich viele Personen Erkenntnisse und Austausch über das Thema Hochbegabung bei Erwachsenen wünschen und dies für sie eine hohe Relevanz hat. Ich bin allen Personen, die sich beteiligt haben, sehr dankbar. Ihre meist sehr persönlichen Aussagen, Anregungen und Ideen sind äußerst wertvoll und haben dieses Buch maßgeblich geprägt. Am liebsten hätte ich alle Beteiligten hier zu Wort kommen lassen. Ich hoffe sehr, dass für alle, die dieses Buch in den Händen halten und sich mit dem Thema näher befassen möchten, wertvolle Informationen dabei sind.

Zwei kurze Anmerkungen, bevor es losgeht: Zum einen werde ich aus Gründen der Lesbarkeit sowie sprachlichen Vereinfachung im Folgenden die

1 1% der Befragten hat keine Angaben zum Geschlecht gemacht.

männliche Form benutzen. Es sind natürlich stets Personen weiblichen und männlichen Geschlechts gleichermaßen gemeint. Zum anderen sind alle verwendeten Zitate anonymisiert worden. Das heißt, die Namen sind frei erfunden und Informationen wie Wohnort, Arbeitsstelle oder Ähnliches, durch die auf die betreffende Person geschlossen werden kann, sind weggelassen oder verändert worden. Alter und Geschlecht hingegen sind unverändert geblieben.

Nun zum eigentlichen Thema: Hochbegabung bei Erwachsenen ...

1 Hochbegabung – weg von den Vorurteilen

Hochbegabung – was ist das eigentlich? Der Begriff begegnet uns im Alltag inzwischen immer öfter. Das Thema erfährt insgesamt über die letzten Jahre vermehrt Aufmerksamkeit in der Öffentlichkeit, was eigentlich gut ist. Medien berichten darüber, und auch in Kindergärten und Schulen ist der Begriff präsenter geworden. Jedoch stehen in der öffentlichen Darstellung von Hochbegabten oft extreme oder besonders spektakuläre Fälle im Fokus. Und deren Bilder schwirren dann in unseren Köpfen herum, wenn wir an Hochbegabung denken. So wird auf der einen Seite das Bild des Wunderkindes gezeichnet, das mit vier Jahren lesen, schreiben und Geige spielen kann, oder mit sechs bereits erste eigene Computerprogramme schreibt. Auf der anderen Seite steht der Totalversager, der angeblich keinerlei Sozialkompetenz besitzt, unangepasstes Verhalten zeigt, seine Leistungsmöglichkeiten nicht abruft und keinen Fuß auf die Erde bringt.

Ja – auch diese Hochbegabten gibt es, aber Hochbegabung spielt sich mehrheitlich nicht in diesen Extremen ab. Sie sind zwar aufmerksamkeitsstarke, gleichwohl eher seltene Ausprägungen dieses Phänomens. Die meisten Hochbegabten liegen jedoch dazwischen und der „normale" Hochbegabte ist eben doch anders. Wie bereits angesprochen weiß die Mehrzahl der Hochbegabten nicht einmal von ihrer Hochbegabung. Viele von ihnen leben ein unauffälliges, „normales" Leben und würden wahrscheinlich nicht im Traum daran denken, dass sie hochbegabt sein könnten. Denn das Klischee vom „typischen" Hochbegabten sieht eben anders aus.

Um zu erfahren, wie Hochbegabte sind und was Hochbegabung ausmacht, muss näher hingeschaut werden. Hierzu soll zunächst kurz die wissenschaftliche Forschung betrachtet werden, und danach kommen die Hochbegabten selber zu Wort.

1.1 Begriff und Definition

Was ist Hochbegabung? Die ernüchternde Nachricht vorweg: Für den Begriff Hochbegabung gibt es bisher keine einheitlich anerkannte Definition. Das macht es natürlich besonders schwer. Und: Hochbegabung ist ein von der Wissenschaft erschaffenes Konstrukt. Es ist zunächst ein theoretischer Begriff und nicht direkt sichtbar. Hochbegabung kann also nur aus Beobachtungen wie zum

Beispiel dem Verhalten einer Person in gewissen Situationen erschlossen werden.

Generell wird unter Begabung ein leistungsbezogenes Potenzial eines Menschen verstanden und unter Hochbegabung dementsprechend ein sehr hoch ausgeprägtes Entwicklungspotenzial.[2] Dieses kann sich auf verschiedene Bereiche beziehen. So kann eine Person im kognitiven, sportlichen, musikalischen oder in einem anderen Bereich besonders begabt sein. In diesem Buch liegt der Fokus auf dem kognitiven Bereich und somit der intellektuellen Hochbegabung. „Intellektuelle Hochbegabung kennzeichnet dabei ein extrem hoch ausgeprägtes leistungsbezogenes Potenzial für Informationsverarbeitung, Lernen und Wissensaneignung, abstraktes Denken sowie Problemlösen (entweder generell oder in einer bestimmten Domäne). Damit ist intellektuelle Hochbegabung ein Merkmal, das viele Aspekte des Lebens betrifft, denn in fast allen Lebensbereichen spielen Denken und Problemlösen eine mehr oder weniger große Rolle.“[3] So umfasst intellektuelle Hochbegabung, wie wir im Laufe des Buches sehen werden, weit mehr als nur die kognitiven Fähigkeiten eines Menschen. Sie erstreckt sich auf viele Teile der betreffenden Person und seiner Persönlichkeit und hat so großen Einfluss auf das gesamte Leben.

Ein kurzer Ausflug in die Hochbegabungsdefinitionen und -modelle

In der Hochbegabungsforschung haben sich über die Jahrzehnte verschiedene Definitionen und Modelle herausgebildet. Bei den Definitionen kann grob zwischen Performanzdefinitionen und Kompetenzdefinitionen unterschieden werden. Performanzdefinitionen definieren Hochbegabung – wie der Name schon sagt – über Performanz, das heißt bereits erbrachte Leistungen. Demnach werden Personen, die ein hohes Potenzial besitzen und die außergewöhnliche Leistungen erbracht haben, als hochbegabt bezeichnet. Personen, denen zwar ein hohes Potenzial nachgesagt wurde, die aber dieses nicht in entsprechende Leistung umgesetzt haben, gelten nicht als hochbegabt. Anders ist es bei den Kompetenzdefinitionen. Hier wird Hochbegabung als hohes Potenzial, Leistung zu erbringen, definiert. Alle Personen, die dieses hohe Entwicklungspotenzial aufweisen, gelten als hochbegabt. Hierbei ist es unerheblich, ob bereits eine außergewöhnliche Leistung erbracht wurde oder nicht. Bei Kindern und Jugendlichen wird diese Sichtweise, also die Kompetenzdefinition, meist

2 Vgl.: Preckel & Vock, 2013, S. 12
3 ebd., S. 13

akzeptiert. Bei Erwachsenen hingegen steht eher die Performanzdefinition im Vordergrund. Ob diese Sichtweise hochbegabten Erwachsenen wirklich gerecht wird, ist fraglich. Denn es gibt viele durchaus äußerst erfolgreiche Personen, die nicht hochbegabt sind. So hat sich die Expertisenforschung herausgebildet, die untersucht, wie Menschen besondere Leistungen erbringen und Expertise erlangen. Es wurde herausgefunden, dass dies ein längerer, fortlaufender und vor allem mit langen Lernzeiten verbundener Prozess ist. So wird hier oft von der „Zehn-Jahres-Regel" gesprochen. Diese besagt, dass jemand, der in einem bestimmten Bereich Expertise erreicht hat, mindestens 10.000 Stunden oder anders ausgedrückt 10 Jahre (ca. 2 ½ bis 3 Stunden pro Tag) dafür geübt hat. Der Erfolg dieser Übung ist jedoch intelligenzabhängig, und so haben intelligentere Personen größere Trainingserfolge. Die Expertisenforschung ist also ein eigener Bereich, bei dem es wie bei der Performanzdefinition um die erbrachte Leistung geht, zeigt aber keine eigene Definition von Hochbegabung auf. Natürlich führt nicht nur Üben zu größeren Erfolgen oder besserer Leistung, sondern diese hängt auch von anderen Faktoren ab. Welche diese bei Hochbegabten sein können, haben einige Hochbegabungsmodelle versucht abzubilden.

Bei den Hochbegabungsmodellen kann zwischen eindimensionalen und mehrdimensionalen Modellen[4] unterschieden werden. Eindimensionale Modelle sind die älteren und setzen hohe Begabung mit hoher Intelligenz gleich. Da hohe Begabung wie oben erwähnt in unterschiedlichen Bereichen und nicht nur im intellektuellen Bereich vorkommen kann, sind eindimensionale Definitionen von Hochbegabung kritisch zu sehen. Aus dieser Kritik heraus entstanden die mehrdimensionalen Hochbegabungsmodelle. Mehrdimensionale Modelle beinhalten neben der Intelligenz verschiedene Begabungsfaktoren wie zum Beispiel Kreativität und andere Einfluss- oder Umweltfaktoren, die beim Prozess der Leistungsentwicklung eine Rolle spielen können. Hier wird versucht, die Entstehung von Leistung abzubilden. In der Praxis können diese Modelle Hinweise auf mögliche Ursachen von Problemen sowie Ansatzpunkte für sinnvolle zukünftige Interventionen geben. Insgesamt gibt es viele und zum Teil sehr komplexe Hochbegabungsmodelle, die hier nicht weiter beschrieben werden sollen. Denn ausführliche wissenschaftliche Literatur darüber gibt es bereits zur Genüge.

4 Mehrdimensionale Modelle werden auch als multifaktorielle Modelle bezeichnet.

Trotz gewisser Uneinigkeit in der Hochbegabungsforschung wird eine hohe Intelligenz in den meisten Hochbegabungsmodellen und -definitionen als wesentliches Merkmal von intellektueller Hochbegabung angesehen und kann sozusagen als kleinster gemeinsamer Nenner betrachtet werden. Mit Intelligenz verhält es sich jedoch wie mit Hochbegabung. Auch für Intelligenz fehlt eine einheitliche Definition, und auch sie lässt sich nicht beobachten, sondern nur konstruieren. Mithilfe von Intelligenztests soll Intelligenz messbar gemacht werden. Der Wert, der bei solchen Tests herauskommt, wird meistens als Intelligenzquotient (IQ-Wert) ausgedrückt. Dieser ist ein Vergleichsmaß, das bedeutet, dass die Intelligenz einer Person immer relativ zur Intelligenz anderer Personen dieser Altersgruppe angegeben wird.

Es wird davon ausgegangen, dass Intelligenz – wie viele andere natürliche Merkmale wie zum Beispiel die Körpergröße – in der Bevölkerung normalverteilt ist. Daher wird die Verteilung der Intelligenz der Gesamtbevölkerung mithilfe einer Gauß'schen Glockenkurve (Normalverteilung) dargestellt.

Normalverteilung des Intelligenzquotienten

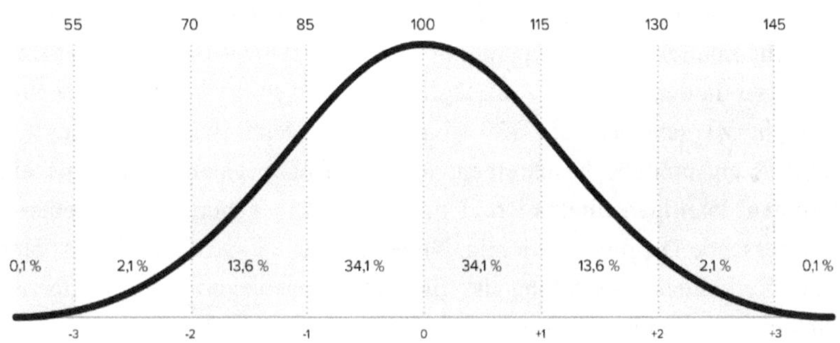

Der durchschnittliche IQ-Wert beträgt 100 Punkte. Die Mehrheit der Bevölkerung (etwa 68%) hat einen IQ zwischen 85 und 115 Punkten. Diese IQ-Werte werden als durchschnittlich angesehen. Werte unter 85 und über 115 Punkten sind hingegen seltener anzutreffen, und ein IQ unter 70 und über 130

Punkten lässt sich nur noch bei etwa 2–3%[5] der Bevölkerung finden. „Unter einem IQ von 70 spricht man im deutschsprachigen Raum[6] von Minderbegabten, über einem IQ von 130 von Hochbegabten.“[7] So gilt eine Person als hochbegabt, die in einem standardisierten Intelligenztest einen Intelligenzquotient von 130 Punkten oder mehr erreicht. Hierbei müssen jedoch mehrere Aspekte beachtet werden. Zum einen gibt es die Kritik an Intelligenztests, die darauf hinweist, dass hier immer nur ein Teil der geistigen Fähigkeiten einer Person erfasst wird. Der Fokus liegt meist auf verbaler Intelligenz, logisch-mathematischem Denken und räumlicher Vorstellungskraft. Soziale, emotionale, künstlerische oder andere Begabungen können nicht abgebildet werden. Denn sie sind in standardisierten Tests nicht messbar. Zum anderen muss bedacht werden, dass Testergebnisse mit einem Messfehler behaftet sein können und ein Testergebnis aufgrund verschiedener Faktoren schlechter ausfallen kann als erwartet. Ein Testergebnis hängt immer auch von der Tagesform der getesteten Person ab. Weiter können Prüfungsangst, Lernschwächen in Teilbereichen, Lese-Rechtschreib-Schwäche, Krankheit, Erschöpfung oder andere Störfaktoren den IQ niedriger ausfallen lassen. Ein IQ unter 130 Punkten bedeutet also noch lange nicht, dass die Person nicht hochbegabt ist.

Zudem ist die Punktzahl von 130 eine willkürlich festgelegte Grenze. Jemand mit einem IQ knapp darunter besitzt ebenfalls eine überdurchschnittliche intellektuelle Begabung, und viele Merkmale Hochbegabter treffen auch hier zu. In der Praxis bzw. im täglichen Leben sollte man meiner Meinung nach nicht zu sehr auf die 130 fixiert sein. Denn, wie auch die vielen Hochbegabungsmodelle beschreiben, umfasst Hochbegabung mehr als einen bestimmten Intelligenzquotienten. Um eine Hochbegabung festzustellen, ist eine umfassende Diagnostik wichtig. Neben Befragung, ausführlicher Anamnese und Verhaltensbeobachtung ist die Intelligenzdiagnostik mithilfe eines Intelligenztests eben nur ein Baustein.

Trotz aller Unschärfe des Begriffs Hochbegabung steht allerdings außer Frage, dass es sich bei hochbegabten Menschen gesamtgesellschaftlich betrachtet um eine Minderheit handelt. Der Großteil der Bevölkerung ist nicht hochbegabt und – zumindest in einigen Teilen – anders als Hochbegabte es sind. Und wie wir wissen, bestimmt normalerweise die Mehrheit, wie die

---

5 Ganz exakt sind es 2,27%.
6 In anderen Ländern gelten andere IQ-Werte und Skalen.
7 Ziegler, 2008, S. 24

gesellschaftlichen Regeln sein sollen, was als richtig und falsch angesehen wird. Dass dies Auswirkungen auf Hochbegabte hat, liegt auf der Hand. Daher soll es im Folgenden auch weniger um theoretisches Wissen zu Hochbegabung gehen, sondern vielmehr um das tägliche Leben hochbegabter Erwachsener. Zum einen wird dargestellt, wie sich Hochbegabung bemerkbar machen kann, zum anderen, wie Hochbegabte mit ihrer Hochbegabung umgehen und welche Rahmenbedingungen sie für vorteilhaft erachten.

1.2 Bin ich hochbegabt?

Diese Frage werden sich die meisten Hochbegabten gar nicht stellen. Denn sie werden diese Möglichkeit gar nicht in Betracht ziehen und nicht auf die Idee kommen, selbst hochbegabt zu sein. Unser Bild vom Hochbegabten scheint meist weit weg vom eigenen Leben und der eigenen Person zu sein. Da kommt dieser Gedanke in der Regel gar nicht erst auf, oder er wird nicht weiter verfolgt. Die meisten hochbegabten Erwachsenen wissen einfach nichts von ihrer Hochbegabung. Und auch wenn sie damit schon in Berührung gekommen sind, verwerfen viele Hochbegabte zunächst den Gedanken, selbst auch hochbegabt zu sein. Denn oft sind sie zu „bescheiden" bzw. wissen eben auch, was sie alles nicht können und wissen oder wo ihre Defizite sind. Daher fühlen sich viele nicht hochbegabt und bringen dies mit sich selber nicht wirklich in Verbindung. Einige halten sich sogar fälschlicherweise für unterdurchschnittlich begabt oder dumm. Manchmal haben sie dies auch schon im Laufe ihres Lebens so zu hören bekommen, oder sie haben selber aufgrund bestimmter Ereignisse oder einer unerklärlichen Andersartigkeit diese Rückschlüsse gezogen.

Wer nicht als Kind oder Jugendlicher als hochbegabt diagnostiziert wurde, kommt als Erwachsener meist eher durch Zufall auf das Thema. Einige werden durch die Hochbegabung ihrer eigenen Kinder darauf gestoßen, andere veranlasst die Unzufriedenheit im Beruf, in alle Richtungen zu recherchieren, andere lesen, hören oder sehen etwas darüber. Der Anstoß, sich näher mit Hochbegabung zu befassen, kommt meist von außen und ist oft ein längerer Prozess. Die ersten Gedanken werden vielfach beiseite geschoben, derjenige kommt manchmal (viel) später wieder darauf und setzt sich dann intensiver mit dem Thema Hochbegabung auseinander. Zuweilen ist dem Ganzen schon eine längere Suche nach Erklärungen für verschiedene Probleme, Eigenheiten oder Unverständlichem vorausgegangen.

Auch wenn derjenige sich schon intensiver mit Hochbegabung beschäftigt hat, vielleicht mehrere Bücher gelesen oder Lebensgeschichten Hochbegabter „studiert“ hat und sich selber in vielem dort wiederfinden kann, ist der Schritt zu sagen „Ja, ich bin hochbegabt“ oft noch weit entfernt. Für Hochbegabte, die mit Selbstzweifeln kämpfen, aus ihrer Sicht keine besonderen Leistungen erbracht haben, in der Schule angeeckt sind, keinen hoch angesehenen oder hoch bezahlten Job vorweisen können, Kommunikationsprobleme mit anderen haben, scheint die Vorstellung, hochbegabt zu sein, häufig fremd. Zu sehr setzen wir Hochbegabung auch mit hohen oder besonderen Leistungen und Fähigkeiten gleich. Dass Hochbegabung auch etwas anderes heißen kann, muss erst langsam verstanden und akzeptiert werden.

Für einige Hochbegabte macht es da durchaus Sinn, einen Intelligenztest zu machen und die eigene Hochbegabung „schwarz auf weiß“ zu sehen. Erst mit einem Testergebnis glauben sie, dass sie auch wirklich hochbegabt sind. Auch wenn wir im vorangegangenen Kapitel gesehen haben, dass Hochbegabung nicht nur aus einem Testergebnis besteht, ist das für manch einen wichtig. Für andere nicht. Viele Hochbegabte haben aber auch Angst vor einem Intelligenztest. Ihre Fähigkeit, die eigenen Grenzen zu sehen und zu wissen, was sie alles nicht wissen, kann sie hemmen und ihre eigene Intelligenz zuweilen nicht richtig einschätzen lassen. So erwarten viele eher, dass ein Test ihre durchschnittliche oder wohlmöglich unterdurchschnittliche Begabung zutage bringen könnte. „Und was dann?!“ sorgen sich einige.

Für die einen ist ein Intelligenztest hilfreich, um herauszufinden, ob sie hochbegabt sein könnten. Für andere ist die Lektüre von Büchern über Hochbegabung oder das Leben Hochbegabter sinnvoll. Für wieder andere erweisen sich ein Coaching oder Gespräche mit einem darauf spezialisierten Psychologen oder der Besuch von Hochbegabten-Treffen sowie Austausch mit anderen Hochbegabten als passend. Jeder Hochbegabte hat seinen eigenen Weg, sich an dieses Thema heranzutasten, und nicht zuletzt hängt die Beantwortung der Frage nach der eigenen Hochbegabung auch immer davon ab, was unter Hochbegabung verstanden wird.

Dennoch, für Menschen, die viele Merkmale hochbegabter Personen bei sich wiederfinden können, lohnt es sich dem nachzugehen. Dabei finde ich persönlich es unerheblich, ob derjenige besondere Leistungen vollbracht hat oder nicht. Denn Leistung definiert jeder anders und der Wunsch, diese zu erbringen, ist auch bei jedem unterschiedlich. Zudem gibt es viele Gründe, warum jemand bestimmte Dinge in seinem bisherigen Leben noch nicht oder vielleicht nur teilweise erreicht hat. Und auch wenn eine Person das Gefühl hat, keine herausragenden Fähigkeiten zu besitzen, heißt dies noch lange nicht, dass derjenige nicht hochbegabt ist. Vielleicht hat die Person sehr wohl besondere Fähigkeiten, nimmt diese aber nicht als solche wahr, weil sie so selbstverständlich erscheinen. Oder sie treten in der aktuellen Lebenssituation nicht zutage. Das bedeutet aber nicht, dass die Begabungen oder Fähigkeiten nicht existieren.

Gründe, die eigene Hochbegabung nicht zu sehen, gibt es viele: Selbstzweifel und Selbstkritik können dazu führen, dass der Fokus zu sehr auf den vermeintlichen Schwächen und Defiziten liegt. Die Selbstverständlichkeit der eigenen Fähigkeiten oder die Leichtigkeit, mit der zum Teil schwierige Dinge erledigt werden, lassen die eigenen Fähigkeiten als durchschnittlich oder nicht besonders erscheinen. Gegebenenfalls auftretende soziale Probleme, Kommunikationsschwierigkeiten oder das entgegengebrachte Unverständnis werden als Defizit der eigenen Person oder als mangelnde Intelligenz interpretiert. Hochbegabung wird fälschlicherweise mit hohen Leistungen, außergewöhnlichen Fähigkeiten und manchmal auch entsprechender (monetärer) Anerkennung gleichgesetzt.

Die eigene Intelligenz nicht zu bemerken, ist also relativ einfach, sie zu sehen fällt hingegen schwerer. Gerade Frauen neigen dazu, ihre eigenen Fähigkeiten zu „übersehen", oder sind diesbezüglich sehr zurückhaltend. Denn nach wie vor scheinen die gesellschaftlichen Normen Frauen eher dazu anzuhalten, sich anzupassen als sich auf die eigenen Interessen oder ihre individuelle Förderung zu konzentrieren.

Die Frage nach der eigenen Hochbegabung sollte also nicht vorschnell mit „Nein" beantwortet werden. Natürlich ist nicht jeder, der sich in Teilen von Lebensgeschichten Hochbegabter wiederfindet oder denkt, er sei hochbegabt, auch wirklich hochbegabt. Und diese Erkenntnis kann ja auch sehr entlastend sein. Aber manch einer, der es nicht von sich vermutet, kann eben doch hochbegabt sein. Wenn sich jemand mit einem so speziellen Thema intensiv befasst, ist in vielen Fällen etwas dran.

Aber auch wenn schon klar ist, dass jemand hochbegabt ist, bedeutet es nicht, dass derjenige es selber auch so sieht. Zu groß scheinen Angst und Selbstzweifel bezüglich dieses „heiklen" Themas zu sein. Vielfach schwingt eine Angst vor Ausgrenzung durch ein Anderssein oder ein vermuteter Leistungsdruck mit. Oder derjenige hat von hochbegabten Personen ein ganz anderes Bild als das, was er von sich hat, und kann sich daher darin nicht widerfinden. Es ist auch möglich, dass die Person gut im Leben klarkommt und einfach nicht weiß, was er mit der Hochbegabung nun anfangen soll. Für denjenigen ist die Welt so in Ordnung. Der Betreffende findet sich und sein Leben normal und kennt es nicht anders. Nicht jeder Hochbegabte verbindet mit seiner Hochbegabung etwas Außergewöhnliches wie folgende Zitate zeigen:

> *„Keine Ahnung, woran ich meine Hochbegabung merken könnte. Ich fühle mich nicht hochbegabt. Ich war nur beim Test gut." (Mark, 42)*

> *„Ich bin zwar (anscheinend) intelligent, aber nicht schlau. Die Folgen halten sich also in Grenzen." (Georg, 55)*

> *„Ich habe eher das Gefühl, weniger zu können als andere, obwohl ich hochbegabt bin." (Stephanie, 44)*

> *„Ich glaube nicht, dass ich von anderen als hochbegabt wahrgenommen werde." (Marion, 47)*

Was Hochbegabung für jeden individuell im Leben bedeutet und ob sie überhaupt eine Bedeutung hat, wird jeder für sich selber herausfinden. Dies ist meist ein längerer Prozess, in dem sich auch die Bedeutung ändern kann. Ist sie kurz nach Herausfinden der eigenen Hochbegabung vielleicht noch sehr groß, kann sie später auch abnehmen oder kaum noch eine Rolle im täglichen Leben spielen.

1.3 Hochbegabt – und nun?

Wie geht es nun weiter, wenn die ersten Schritte gegangen sind und eine Hochbegabung festgestellt wurde? Wer relativ spät davon erfährt und große Teile seines Lebens bereits gelebt hat, wird vielleicht anders reagieren als jemand, der noch ziemlich am Anfang seines Lebens steht. Aber egal, in welchem Alter man von der eigenen Hochbegabung erfährt, die Erkenntnis stellt häufig einen Einschnitt dar, und die ersten Reaktionen können sehr unterschiedlich sein. Von Freude, Euphorie, Erleichterung, Ungläubigkeit, Angst bis Trauer kann alles dabei sein. Für manche Menschen ist es regelrecht ein Schock, weil sie es absolut nicht erwartet hätten. Für andere ist es endlich die offizielle Bestätigung dessen, was sie selber immer gewusst oder gespürt haben. Und wieder andere wissen noch gar nicht so recht, was sie damit eigentlich anfangen sollen.

Das Wissen hochbegabt zu sein führt häufig dazu, das eigene Leben oder Teile davon neu zu überdenken. Oft stellt derjenige sich die Frage, was gewesen und wie sein Leben verlaufen wäre, hätte er es früher gewusst. Hätte das etwas verändert? Wenn ja, was? Vielleicht denkt man an die vielen Unstimmigkeiten oder Missverständnisse, die nicht hätten sein müssen, an „falsche" Entscheidungen, die man getroffen hat oder zu denen man sich gezwungen fühlte, an verpasste Chancen oder Dinge, die man sich nicht zugetraut hat, an Konflikte, die nun in anderem Licht erscheinen ... Die Reise in die Vergangenheit kann sehr lang und emotional sein. Sie kann aufwühlend und traurig sein, schmerzhafte Gedanken oder Wut hervorrufen. Aber sie kann auch viel Klarheit und Verständnis bringen. Sie kann dazu führen, sich selber besser zu verstehen, versöhnlicher mit sich und anderen zu sein, stolz auf sich zu sein oder erleichtert.

Die Erkenntnis hochbegabt zu sein muss häufig erst mal „verdaut" werden. Es müssen Informationen gesammelt werden, was das denn eigentlich heißt, was dies für das eigene Leben bedeutet bzw. bedeutet hat und was man nun damit anfangen soll oder kann. Nicht selten beginnt ein Prozess der neuen Selbsterkenntnis. Derjenige lernt sich noch mal anders kennen und verändert den Blick auf sich. Oft folgen dieser veränderten Sicht auch tatsächliche Änderungen im Leben. Manchmal sind es Kleinigkeiten, manchmal findet eine komplette berufliche oder private Neuausrichtung statt.

Wie stark die Reaktionen auf das Herausfinden der eigenen Hochbegabung ausfallen, hängt vor allem von den bisherigen Erfahrungen und Lebensumständen ab. Passten diese recht gut mit den Besonderheiten der Hochbegabung zusammen, können Reaktionen geringer und Veränderungen weniger weitreichend sein. Hat die betreffende Person sich aber immer schon anders und im falschen Umfeld gefühlt, ist sie mit ihrer Art nicht akzeptiert und unterstützt worden, kann die Auseinandersetzung mit der plötzlich entdeckten eigenen Hochbegabung unter Umständen sehr schmerzhaft und intensiv sein. Der Wunsch danach, Verpasstes nachzuholen und endlich den eigenen Neigungen entsprechend leben zu wollen, kann zu großen Veränderungen führen. Die Vergangenheit wird in neuem Licht betrachtet, die aktuelle Situation neu bewertet und die Zukunft gegebenenfalls neu geplant. Ein vorher vielleicht versteckter oder unterdrückter Teil der Persönlichkeit will in das tägliche Leben integriert werden. Für all dies brauchen die betreffenden Personen vor allem Geduld, Verständnis für sich und andere sowie viel Zeit und Kraft.

Aber auch Menschen, die vielleicht schon sehr früh von ihrer Hochbegabung erfahren haben und im besten Fall adäquat gefördert und unterstützt wurden, bemerken manchmal, dass sie sich in gewissen Situationen von anderen unterscheiden und dies nicht immer einfach ist. Denn schließlich gehören sie einer Minderheit an und suchen nach Wegen, damit bestmöglich zurechtzukommen und mit den Besonderheiten gut umzugehen. Oder ihre aktuelle Lebenssituation oder ihr Umfeld hat sich geändert und gibt Anlass dazu, sich noch mal intensiver mit der eigenen Hochbegabung zu beschäftigen.

Gleichzeitig gibt es auch früh erkannte Hochbegabte, auf die leider nicht entsprechend eingegangen wurde. Sie sind häufig ebenfalls weiter auf der Suche nach Informationen und Anregungen, wie sie ihre Hochbegabung besser in ihr Leben integrieren und damit leichter leben können.

Nicht immer setzt derjenige sich also nur direkt nach der „Diagnose“ mit der eigene Hochbegabung auseinander. Dies kann auch viel später geschehen. Und natürlich müssen nicht immer Taten folgen, wenn jemand herausgefunden hat, dass er hochbegabt ist, oder sich damit näher befasst hat. Als Reaktion müssen auch keine besonderen Fähigkeiten zutage treten oder herausragende Leistungen vollbracht werden, was oft von Betroffenen angenommen wird. Viele setzen sich unter Druck und denken, dass sie nun etwas (wohlmöglich Besonderes) aus ihrer Hochbegabung machen müssen und dass andere dies erwarten. Das kann sehr belastend sein und die vielleicht anfängliche Freude oder Erleichterung über die Hochbegabung schnell trüben und ins Gegenteil umkehren. Nur weil jemand das intellektuelle Potenzial besitzt, aus dem unter günstigen Rahmenbedingungen außergewöhnliche Leistungen hervorgehen können, muss er diese nicht zwingend auch erbringen. Die Betonung liegt neben den „günstigen Rahmenbedingungen“ vor allem auf „können“. Derjenige kann auch alles beim Alten lassen. Jemand, der mit sich und seinem Leben glücklich und zufrieden ist, darf dies natürlich auch so lassen, wie es ist. Oder Veränderungen geschehen sehr langsam und für andere kaum sichtbar.

Hochbegabt zu sein bedeutet nicht, etwas Bestimmtes tun oder lassen zu müssen. So gibt es viele hochbegabte Erwachsene, die berichten, dass sich ihre Hochbegabung im Alltag nicht bemerkbar macht und für sie keine Rolle spielt. Vielleicht ist dies so, weil die Hochbegabung zu einem integrierten Teil ihrer Persönlichkeit geworden ist oder immer schon war und sie damit wunderbar leben und sich daher keine weiteren Gedanken darüber machen. Vielen hilft jedoch die Auseinandersetzung mit dem Thema Hochbegabung und was Hochbegabung für sie und ihr Leben bedeutet und wie sie den für sich passenden Weg finden. Hierfür möchte dieses Buch eine Hilfestellung leisten, und so werden in den folgenden Kapiteln Merkmale von hochbegabten Erwachsenen, Umgangsstrategien und vorteilhafte Rahmenbedingungen vorgestellt.

2 Innenleben – so vielfältig und doch ähnlich

Wie sind Hochbegabte denn nun? Wie macht sich Hochbegabung bemerkbar? Welche Besonderheiten zeigen sich im täglichen Leben?

Grundsätzlich gilt natürlich: Hochbegabte sind so vielfältig und unterschiedlich wie alle anderen Menschen auch. Hochbegabung ist ein Teil ihrer Persönlichkeit, der eine wichtige Rolle spielt, aber dazu gehören noch ganz viele andere. Sozialisation und Erziehung, alle Erfahrungen und Erlebnisse prägen jeden Menschen und können äußerst unterschiedlich sein. So ist auch jeder Hochbegabte anders als die anderen und einzigartig.

Gleichzeitig gibt es bestimmte Merkmale und Eigenschaften, die sich bei sehr vielen hochbegabten Personen wiederfinden. Die Bandbreite ihrer individuellen Ausprägung ist groß, weist aber viele Gemeinsamkeiten auf. Die prägnantesten Merkmale von hochbegabten Erwachsenen, die ihre Person und ihr Innenleben betreffen, werden in diesem Kapitel näher beschrieben.

2.1 Kognitive Fähigkeiten

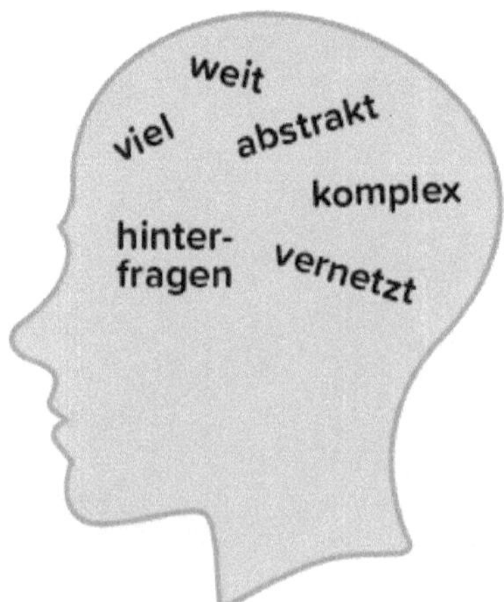

Quelle: Eigene Darstellung

Der kognitive Bereich – insbesondere die Auffassungsgabe und das Denken – spielen vor allem bei intellektueller Hochbegabung naturgemäß eine wesentliche Rolle. Hier werden zum Teil große Unterschiede zu durchschnittlich begabten Personen sichtbar, die sich auf viele andere Gebiete wie die Kommunikation und das Miteinander auswirken können.

Welch wichtige Rolle kognitive Fähigkeiten und deren Nutzung für Hochbegabte spielen, lässt sich bereits bei hochbegabten Kleinkindern beobachten. Denn schon im Säuglings- und Kleinkindalter haben Hochbegabte aus sich heraus ein starkes Bedürfnis nach geistiger Anregung und Beschäftigung. Bereits in diesem Alter zeigen sie eine hohe Auffassungsgabe und die Befähigung, große Mengen von zum Teil recht komplexen Informationen zu erfassen. Auch brauchen hochbegabte Kinder ausreichende Anforderungen und geistige Stimulation, um wirklich ausgeglichen und zufrieden zu sein. So stellen Herausforderungen und Denkaufgaben unterschiedlichster Art für hochbegabte Kinder und Erwachsene nicht nur eine willkommene Abwechslung dar, sondern sind eben auch eine notwendige Voraussetzung für Zufriedenheit. Dies wird auch als „need for cognition" bezeichnet. Vereinfacht ausgedrückt könnte man sagen, dass bei Hochbegabten neben Grundbedürfnissen wie Essen, Schlafen etc. auch das Grundbedürfnis Denken dazukommt.

2.1.1 Auffassungsvermögen

Ein Begriff, der viele kognitive Leistungen vereint, ist das „Auffassungsvermögen" oder die „Auffassungsgabe". Allgemein wird hierunter die Fähigkeit verstanden, das Wesentliche von Sachverhalten und Sachzusammenhängen schnell und exakt aufzunehmen und zu verwerten. Ein hohes Auffassungsvermögen ist eines der markantesten Merkmale von Hochbegabung.

Hochbegabte zeichnen sich generell durch eine außergewöhnliche und schnelle Auffassungsgabe aus. Sie erfassen in der Regel komplexe und logische Zusammenhänge ausgesprochen schnell, haben meist sehr gute analytische Fähigkeiten sowie ein hohes Abstraktionsvermögen. Sie können gut Transferleistungen erbringen und besitzen häufig eine gute Merkfähigkeit. So ist es nicht verwunderlich, dass genau die Eigenschaft „mehr Auffassungsvermögen" bzw. eine „höhere Auffassungsgabe" die Antwort war, die bei meiner Studie am allerhäufigsten von allen befragten hochbegabten Erwachsenen auf die Frage „Wie macht sich Hochbegabung bei Dir im (privaten und/oder beruflichen) Alltag bemerkbar?"[8] genannt wurde. Mehr als ein Drittel aller

8 Es war eine offene Frage, bei der keine Antwortmöglichkeiten vorgegeben wurden.

Teilnehmer/-innen hat unter anderem so geantwortet. Bei keinem anderen Merkmal habe ich so viele eindeutige Antworten erhalten. Die im Vergleich zu anderen Personen hohe Auffassungsgabe scheint also auch für Hochbegabte selber eine der wichtigsten Eigenschaften zu sein, an der sich ihre Hochbegabung im täglichen Leben zeigt. Jedoch müssen viele auch erst lernen zu berücksichtigen, dass nicht jede Person eine so hohe Auffassungsgabe besitzt:

> *„Ich habe 40 Jahre gebraucht, um zu verstehen, dass ‚wenn ich das verstehe, dann verstehen das auch die anderen' nur auf einen kleineren Teil meiner Mitmenschen zutrifft." (René, 48)*

> *„Wenn ich in Situationen komme, in denen es um schnelle Auffassungsgabe geht, setze ich mittlerweile weniger voraus und versuche, nicht von mir auf andere zu schließen." (Susi, 34)*

Zu dieser hohen Auffassungsgabe kommt noch hinzu, dass viele Hochbegabte ein ausgesprochen gutes Gedächtnis haben und sich vieles gut merken können, was wiederum der Auffassungsgabe zugutekommt.

> *„Ich hatte in der Grundschule einen Kampf mit meiner Lehrerin, dass ich kein Hausaufgabenheft führen wollte, weil ich schon nichts vergessen würde. Und bis heute führe ich keinen Terminkalender." (Paul, 45)*

> *„Meine Frau findet es immer wieder erstaunlich, dass ich mir nie einen Einkaufszettel schreiben muss." (Walther, 51)*

> *„Mein gutes Gedächtnis hilft mir auch in neuen Situationen sehr, Dinge zu verstehen und einzuordnen. Dann kann ich mich zum Beispiel an ähnliche Phänomene erinnern und weiß schneller Bescheid." (Gabi, 28)*

Dass diese hohe Auffassungsgabe nicht immer nur Vorteile hat und vor allem im Zusammensein mit anderen auch zu Problemen führen kann, werden wir in Kapitel 3 „Im Kontakt mit anderen – wie geht's möglichst reibungslos?" näher betrachten.

2.1.2 (Anders) Denken und Komplexität

Eng verbunden mit dem Auffassungsvermögen ist natürlich das Denken. Denken ist bei hochbegabten Erwachsenen selten ein einfacher Vorgang. Vielmehr ist es häufig sehr komplex – zuweilen auch zu komplex. Denn zum einen denken Hochbegabte gerne auf einer abstrakten Ebene und zum anderen denken sie manchmal selbst bei eher einfacheren Fragestellungen äußerst komplex oder kompliziert.

Das liegt daran, dass sie oft sehr weit denken. In eine Überlegung werden vielfältige Aspekte miteinbezogen. Es werden Nebeneffekte und Konsequenzen be- und durchdacht. Ein Sachverhalt wird durch Perspektivwechsel von vielen Seiten aus betrachtet und Vergleiche werden herangezogen. So kann ein Gedanke am Ende zu vielen weiteren führen und mit anderen Überlegungen vernetzt werden. Einerseits ist dieses weite und komplexe Denken eine besondere Fähigkeit, die vielfältige und herausragende Ergebnisse hervorbringen kann. Andererseits kann es zur Folge haben, dass sich Hochbegabte manchmal verzetteln, Gedankensprünge machen oder nicht auf den Punkt kommen. Gerade bei einfachen Fragen erschwert diese Eigenart es, konkrete und praktische Lösungen zu finden. In Diskussionen kann es auch dazu kommen, dass sie ihren Standpunkt nicht konsequent vertreten können, da sie sich ebenso gut in die Sichtweise ihres Gegenüber hineinversetzen können oder viele andere Aspekte des Für und Wider im Kopf haben. Diese Art des Denkens kann im Alltag also vielfältige Folgen haben.

> *„Ich muss mich permanent zügeln. Nicht in meinem Temperament, sondern im Denken." (Leon, 18)*

> *„Ich habe den Eindruck, dass ich weiter denke als viele meiner Mitmenschen. Ich denke oft scheinbar auf mehr Meta-Ebenen, reflektiere detaillierter." (Max, 29)*

> *„Ich begreife schwierige Dinge viel schneller, aber einfache Dinge oft viel schwerer." (Petra, 54)*

> *„Komplexe Fragestellungen verunsichern mich nicht. Eigentlich verunsichert mich Komplexität im Allgemeinen nicht." (Jule, 41)*

„Ich habe oft ein zu kompliziertes Denken bei einfachen oder pragmatisch lösbaren Problemstellungen. Anders sieht's da bei komplexen Dingen aus. Da kommt mir mein kompliziertes Denken zugute." (Tim, 32)

„Manchmal springe ich von einem Gedanken zum nächsten – für mich logisch nachvollziehbar – und wundere mich, wenn mir dann gesagt wird, dass man mir nicht folgen konnte." (Melanie, 32)

„In Gedankengängen fällt es mir entsprechend schwer einen direkten und unkomplizierten Lösungsweg einzuschlagen. Zumeist denke ich zu kompliziert und ‚um zu viele Ecken'." (Antje, 25)

Zudem haben Hochbegabte häufig ein starkes Bedürfnis danach, den Dingen wirklich auf den Grund zu gehen und sie zu durchdringen. Hierbei lassen sie sich selten mit simplen Erklärungen abspeisen und machen sich lieber selber auf die Suche nach zufriedenstellenden Antworten. Neben starkem Reflektieren gehört hierzu auch, vieles zu hinterfragen und Widersprüche aufzudecken. Dies geschieht bei vielen hochbegabten Erwachsenen fast automatisch, denn viele haben regelrecht eine Gabe, schnell Fehler oder Unstimmigkeiten zu bemerken. Diese Eigenschaften, Probleme und Ungereimtheiten zu sehen und anzusprechen, über Sachverhalte nachzugrübeln und an Dingen zu zweifeln, lässt Hochbegabte jedoch bei einigen Mitmenschen als Bedenkenträger, Nörgler oder manchmal „Spaßbremsen" gelten. Auch für sie selber kann zu viel Denken belastend sein oder ihnen das Leben schwer machen. Einige hochbegabte Erwachsene sprechen davon, dass ihre Hochbegabung und Art zu Denken es ihnen erschwert, auch mal Dinge unbeschwert zu genießen. Oder einfach mal abzuschalten und sich nicht ständig Gedanken über alle möglichen – zum Teil völlig belanglosen oder selbstverständlichen – Dinge zu machen.

„Ich habe die Angewohnheit, vieles zu hinterfragen und quasi ‚das Haar in der Suppe' zu finden – oft ohne danach zu suchen. Ich muss immer die Dinge hinter den Dingen verstehen. ‚Mit dem Alter' werde ich aber deutlich ruhiger und sehe langsam ein, dass die Welt eben nicht hochbegabt ist." (Gabi, 52)

„Gerade dieses Hinterfragen von ALLEM ist eine sehr typische Eigenschaft, die zwar oft auch vorteilhaft ist, aber in Situationen wie der Schule früher, im Kontakt mit der Justiz, Arbeit unter Vorgesetzten etc. schnell mal Schwierigkeiten mit sich bringen kann." (Tobi, 28)

„Ich bin ständig am Denken, meist sehr unproduktiv, da kleinste Aktionen kompliziert durchdacht werden, bevor ich sie erledige." (Walther, 51)

Neben dem weiten und komplexen Denken bemerken manche hochbegabte Erwachsene bei sich eine starke Mustererkennung oder ein Denken in Bildern oder Mustern. Andere Hochbegabte sprechen davon, dass sie intuitiv denken. Denn oft erschließen sich ihnen neue Sachverhalte nicht durch bewusstes Gedankenmachen, sondern die Interpretation der Informationen läuft eher unbewusst und intuitiv ab.

„Neue Informationen zu interpretieren (zusammenfassen, kritisieren, planen), läuft bei mir intuitiv, während einige Kollegen sich bewusst Gedanken darüber machen müssen." (Christoph, 24)

All diese Besonderheiten im Denken – abstraktes Denken, vernetztes Denken, komplexes Denken, weites Denken inklusive Folgen und Nebeneffekten, Hinterfragen, (zu) starkes Reflektieren, intuitives Denken – in ihrer Kombination miteinander und Gesamtheit führen dazu, dass viele hochbegabte Erwachsene den Eindruck haben, irgendwie anders zu denken als andere Personen in ihrem Umfeld oder sogar der Großteil der Bevölkerung.[9]

Dieses „anders" Denken kann verunsichern. Das ist verständlich. Vor allem, wenn derjenige mit seiner Art zu denken bisher eher auf Widerstände gestoßen ist. Es kann aber auch, wie wir gesehen haben, zu außergewöhnlichen kognitiven Leistungen führen. Damit dies geschieht, wünschen sich viele hochbegabte Erwachsene auch beim Denken Raum für Freiheit und Kreativität, für kreative Denk- und Lösungsansätze sowie Innovationen. Daher fühlen viele sich in einem Umfeld besonders wohl, in dem logisches und weites Denken

---

9 Ob dies tatsächlich so ist, muss noch erforscht werden.

erforderlich ist, große Zusammenhänge erfasst werden sollen und eigene Ideen und Mitdenken erwünscht sind.

2.1.3 Problemlösefähigkeit

Die hohe Auffassungsgabe von Hochbegabten und ihre Art des Denkens spiegeln sich insbesondere bei Problemlösungen wider. Probleme lösen ist ein Bereich, in dem Hochbegabte eine ihrer größten Stärken zeigen können, sofern sie gelassen werden. Durch ihre Fähigkeit, verschiedenartige Themen und Zusammenhänge rasch zu durchdringen sehen Hochbegabte oft frühzeitig Unstimmigkeiten und Fehler. Auftretende Probleme werden schnell erkannt oder vorausgesehen. Häufig geschieht dies, bevor den Mitmenschen überhaupt klar wird, dass sich ein Problem abzeichnet. Diese Eigenschaft ist besonders in der Kommunikation mit anderen nicht einfach. Denn wenn anderen noch gar nicht bewusst ist, dass es zu einem Problem kommen kann oder sie ein bestehendes Problem noch nicht sehen, kann es schwer sein, ihnen dies zu vermitteln. Da sind manchmal einfachere oder kleinschrittige Erklärungen und Geduld von den Hochbegabten gefragt.

Wenn ein Problem schneller erkannt wird, kann dafür natürlich auch rasch eine Lösung gefunden werden. So sind Hochbegabte oft schnellere Problemlöser – nicht zuletzt aufgrund ihrer hohen Denkgeschwindigkeit. Durch das komplexe und weite Denken finden Hochbegabte häufig originelle, unkonventionelle oder kreativere Lösungen. Denn sie denken oft „um die Ecke". Dies kann zu sehr cleveren, innovativen oder besonders effizienten Problemlösungen führen. Allerdings kann auch genau das Gegenteil der Fall sein. Die Ergebnisse können zu kompliziert sein, und eine simplere Lösung wäre vielleicht viel praktikabler oder besser. Dies kommt jedoch eher bei einfacheren Problemen vor. Denn da können sich Hochbegabte oft nicht vorstellen, dass die Lösung so simpel sein soll, und suchen weiter nach einer komplexeren Variante. Komplexe Aufgabenstellungen scheinen Hochbegabten hingegen mehr zu liegen und hier können sie ihre Stärke zeigen.

Hochbegabte zeigen vor allem gute Problemlösefähigkeiten, wenn die Rahmenbedingungen stimmen. Das heißt, dass sie in einem Umfeld, in dem sie die Freiheit haben, auch ungewöhnliche Ideen vorzubringen, hervorragende Lösungen produzieren können. Dieser Freiraum sollte auch beinhalten, dass ihnen und ihrer Problemlösekompetenz Vertrauen geschenkt wird und das Umfeld offen ist für originelle und vielleicht etwas andere Ideen. Denn in starren Rahmenbedingungen, vorgefertigten Schemata oder mit zu viel Begrenzung erbringen Hochbegabte oft nicht die Leistungen, zu denen sie fähig wären. In vorteilhaften Rahmenbedingungen haben Hochbegabte also sowohl sehr gute Problemfinde- sowie Problemlösefähigkeiten.

Problemlösen beinhaltet häufig auch, Entscheidungen zu treffen. Hier scheint es zwei „Typen“ von Hochbegabten zu geben. Zum einen gibt es hochbegabte Erwachsene, die berichten, dass sie sehr gut und vor allem schnell Entscheidungen treffen können. Zum anderen gibt es viele Hochbegabte, denen gerade das Entscheidungentreffen sehr schwer fällt. Denn sie tendieren dazu, jede Entscheidungsmöglichkeit von allen Seiten aus zu beleuchten, detailliert das Für und Wider abzuwägen sowie die Konsequenzen zu durchdenken. Am Ende schwirren ihnen so viele Gedanken im Kopf herum, dass ihnen eine Entscheidung immer schwerer fällt. Hier können unterschiedliche Techniken wie zum Beispiel die Entscheidungsmatrix, Nutzwertanalyse oder andere behilflich sein.

2.1.4 Geschwindigkeit

Haben Sie solche Aussagen schon öfter mal gehört oder gedacht?

> *„Ich bemerke regelmäßig, dass mein Denken in seiner Gesamtheit schneller abläuft.“ (Margit, 46)*

> *„Ich brauche für viele Dinge weniger Zeit als andere.“ (Christoph, 41)*

> *„Ich bin schnell im Verstehen und Mitdenken, also auch schneller in Gesprächen – oft zu schnell für mein Gegenüber ...“ (Ingo, 38)*

> *„Ich habe ein schnelleres Auffassungsvermögen.“ (Brigitta, 37)*

> *„Ich bin anderen oft drei Schritte voraus und muss dann zurück, um die anderen aufholen zu lassen.“ (Wolfgang, 58)*

> *„Ich kann mich schnell in neue Themen einarbeiten.“ (Julia, 42)*

„Ich langweile mich schnell." (Bernd, 50)

„Ich kann mich in neue Situationen schnell einleben." (Marie, 23)

„Ich habe kürzere Reaktionszeiten und lache zum Beispiel früher über Witze als andere." (Rudi, 62)

„Ich bin genervt, wenn Menschen langsamer schalten." (Miriam, 36)

„Ich verstehe Zusammenhänge oft schneller, komme dann bereits mit Lösungen, wenn andere die Frage noch nicht verstanden haben." (Birgit, 41)

„Ich habe Kommunikationsprobleme, weil ich zu schnell rede." (Peter, 49)

„Ich habe eine schnellere und komplexere Wahrnehmung." (Thomas, 31)

„Ich habe ein deutlich höheres Lesetempo und Leseverständnis als andere." (Agnes, 53)

„Anderen Menschen fällt auf, dass ich schnell im Kopf bin." (Paul, 18)

„Rückblickend habe ich immer etwas schneller gedacht als mein Umfeld." (Heidi, 73)

Vor allem bei kognitiven Fähigkeiten Hochbegabter ist die Geschwindigkeit ein entscheidender Faktor. Die hohe Denkgeschwindigkeit im Allgemeinen und die Schnelligkeit beim Verstehen von Zusammenhängen, Problemen oder Unstimmigkeiten ist es, was Hochbegabte von vielen Normalbegabten unterscheidet. Häufig geschieht dies zudem auf einem hohen Niveau, so dass sich oft auch die Qualität der Ergebnisse unterscheidet. Meistens fällt jedoch als Erstes die höhere Geschwindigkeit auf, in der Denkleistungen oder andere Leistungen erbracht werden.

Diese Schnelligkeit kann Auswirkungen auf sehr vieles haben. Manchmal erfolgt die Informationsverarbeitung im Gehirn binnen so kurzer Zeit, dass es für die hochbegabte Person selber und vor allem ihr Umfeld zu schnell sein kann. Dies ist den betreffenden Personen häufig gar nicht bewusst, kann aber weitreichende Folgen haben. Denn die anderen können den Gedankengängen des Hochbegabten dann nicht richtig folgen, verstehen ihn nicht, schalten eventuell ab, oder es kann zu Missverständnissen kommen. Der Hochbegabte selbst versteht oft ebenfalls nicht, warum die anderen ihm nicht folgen können, wird ungeduldig oder reagiert mit Unverständnis. So können schnell Kommunikationsprobleme oder Schwierigkeiten im zwischenmenschlichen Bereich entstehen. Dabei ist den beteiligen Personen oft gar nicht klar, warum. Dies kann wiederum zu Unverständnis, Frust oder Missverständnissen auf beiden Seiten führen. Denn wenn der Gegenüber nicht weiß, dass die Person hochbegabt ist und die hohe Denkgeschwindigkeit ganz natürlich ist, empfindet er die Schnelligkeit und eventuelle Ungeduld des Hochbegabten wohlmöglich als Überheblichkeit, Besserwisserei oder Arroganz. Oder er fühlt sich vom Hochbegabten regelrecht überfahren und ist vielleicht verunsichert, was der Hochbegabte wiederum gar nicht beabsichtigt hatte. Solchen und weiteren „Stolpersteinen" sowie möglichen Umgangsstrategien widmet sich das Kapitel 3 „Im Kontakt mit anderen – wie geht's möglichst reibungslos?" noch ausführlicher.

Manche Hochbegabte fühlen sich von ihrer Denkgeschwindigkeit und natürlich auch der Komplexität zeitweise auch selber überfahren, haben dann zu viele Gedanken gleichzeitig im Kopf und verzetteln sich. Aus diesem Gedankenkarussell herauszufinden, fällt ihnen zuweilen nicht leicht. Auch kann das (zu) schnelle Denken zu Unkonzentriertheit und Flüchtigkeitsfehlern führen. Denn explizit langsam zu denken und Sachverhalte noch mal Schritt für Schritt durchzugehen fällt vielen von ihnen eher schwer. Eine Sache zweimal anzusehen oder zu durchdenken kann eben auch langweilig sein. Dennoch versuchen viele hochbegabte Erwachsene, wenn sie selber von ihrer Denkgeschwindigkeit überrollt werden, bewusst Struktur in ihre Gedanken und die anstehenden Aufgaben zu bringen. Sie „verordnen" sich zum Beispiel nur einen Schritt nach dem anderen zu machen und eine Arbeit langsam zu erledigen. Manche versuchen, das Durcheinander zu visualisieren und beispielsweise in einer Art Mindmap aufzuschreiben. Andere benutzen Entspannungstechniken, gehen einer kreativen Tätigkeit nach oder verbringen Zeit in der Natur, um wieder etwas Ruhe in ihr Denken und Handeln zu bekommen.

Die wichtigsten der kognitiven Fähigkeiten Hochbegabter in Kürze:

- Hohe Denkgeschwindigkeit
- Hohe Auffassungsgabe
- Komplexes Denken: weites, vernetztes Denken inklusive Folgen und Nebeneffekten
- Abstraktes Denken
- Starkes Reflektieren und Hinterfragen sowie Aufdecken von Widersprüchen und schnelles Erkennen von Fehlern
- Zum Teil intuitives Denken sowie starke Mustererkennung oder Denken in Bildern
- Gute Problemlösefähigkeiten

2.2 Intensität und Wissensdurst

„Auf mein Leben zurückblickend hat Hochbegabung für mich vor allem etwas mit der großen Wissbegierde und Neugier zu tun, die ich mein Leben lang hatte und mir immer noch bis heute bewahrt habe. Ich habe mich immer schon für viele, zum Teil ganz unterschiedliche Dinge begeistern können. Oft hatte ich dadurch andere Interessen als meine Altersgenossinnen. Das war einfach so. Zum Glück hatte ich für die damalige Zeit recht moderne und offene Eltern, die mich in vielem unterstützt haben. Sie haben mir selten das Gefühl gegeben, dass meine Interessen komisch seien – auch wenn ich schon gemerkt habe, dass manche Menschen in meiner Umgebung es zum Beispiel merkwürdig fanden, dass ich mich als Mädchen für naturwissenschaftliche Phänomene, Steine und Kristalle sowie Segelfliegen interessiert habe.
Später kamen – sofern ich neben der Familie und meiner Teilzeitarbeit noch Zeit hatte – viele andere Interessen und Hobbys dazu, die ich jedoch häufig nur halbherzig verfolgt habe. Sobald

ich etwas grundlegend verstanden hatte, fand ich es oft langweilig und habe die nächste Sache angefangen. Das war auch bei Musik so, so dass ich nun am Ende doch kein Instrument richtig spielen kann. Das bedauere ich eigentlich sehr. Denn auch wenn mir viele verschiedene Dinge Spaß machen und ich durch meine Neugier viel kennengelernt habe, vermisse ich manchmal die Stetigkeit in den Beschäftigungen. Aber jetzt in fortgeschrittenem Alter genieße ich es besonders, immer noch neugierig zu sein und Freude an Neuem zu haben. Dadurch fühle ich mich irgendwie jünger und lebendig." (Heidi, 73)

Starke Neugierde und großer Wissensdurst sind bei vielen Hochbegabten maßgebliche Charaktereigenschaften. Die meisten hochbegabten Erwachsenen haben große Freude an Herausforderungen und vielfältigen Anregungen. Viele von ihnen kommen dann erst richtig in Fahrt oder fühlen sich so erst wirklich wohl. Oft zeigen sie große Begeisterung für komplexe und manchmal ungewöhnliche Dinge, was sich in außergewöhnlichen Hobbys oder Lebensläufen widerspiegeln kann. Auch kann die Intensität, mit der einige Dinge verfolgt werden, sehr hoch sein. So wirkt es zuweilen, als hätten Hochbegabte besonders viel Energie. Für manche Mitmenschen können sie dann sehr – oder zu – anstrengend und intensiv erscheinen.

Wenn Herausforderungen fehlen, können Hochbegabte schnell unterfordert, motivationslos oder unzufrieden werden. Hier eine geeignete Balance hinzubekommen, ist nicht immer einfach.

2.2.1 Herausforderungen, Neugierde und Anregungen

Viele hochbegabte Personen zeichnen sich schon als Kinder durch eine große Neugierde aus. Sie stellen oft viele (Warum-)Fragen, wollen allem auf den Grund gehen, geben sich nicht mit einfachen Antworten zufrieden und treiben damit so manches Elternteil oder andere in den Wahnsinn. Bei manchen von ihnen scheint der Durst nach neuem Wissen kaum zu stillen zu sein. Aber auch wenn hochbegabte Kinder nicht so einen extremen Drang nach Wissen haben, haben sie häufig viel Freude am Lernen und Interesse an anspruchsvollen Dingen.

Auch im Erwachsenenalter bleibt den meisten Hochbegabten die Neugierde und Freude an lebenslangem Lernen erhalten. Viele sagen von sich selber, dass sie ihre Hochbegabung gerade im Alltag daran bemerken, dass sie ständig Input benötigen, Herausforderungen brauchen und einen starken Drang haben, mental in Bewegung zu bleiben.

> *„Ich brauche ständig Inputs. Ich promoviere aktuell, das alleine reicht mir aber nicht aus. Ich muss mich noch mit anderen Disziplinen beschäftigen, weil mir sonst schnell langweilig wird." (Mats, 26)*

> *„Ich brauche immer wieder ‚Futter' für mein Gehirn, also versuche ich immer wieder etwas Neues und anderes zu lernen. Auf jeden Fall darf es nicht zu viel Routine geben, das wird schnell langweilig. Dann passieren auch mehr Fehler. Wenn man immer wieder herausgefordert wird und neue Elemente dabei sind, ist es anregend und man ist zufrieden." (Pia, 43)*

> *„Ich liebe Herausforderungen! Zu leichte Aufgaben interessieren mich nicht sonderlich, was sich nach außen als Motivationslosigkeit bemerkbar macht." (Peter, 45)*

> *„Permanente Veränderung (und die damit verbundene Flexibilität) sind die zentralen Treiber, die dich ‚am Leben halten'." (Gregor, 47)*

Einige von ihnen bezeichnen sich selbst auch als „Scanner". Den Begriff prägte die US-amerikanische Autorin Barbara Sher, indem sie 2006 in ihrem Buch *Refuse to Choose!: A Revolutionary Program for Doing Everything That You Love*[10] das Phänomen der Scanner beschrieb. Als Scanner bezeichnet Sher Personen, die eine starke Neugierde haben, sich für sehr viele verschiedene Dinge interessieren und alles Neue spannend finden. Scanner würden am liebsten all diese Dinge sofort und gleichzeitig machen. Oft fangen sie Neues an, aber ehe eine Sache beendet ist, erscheint etwas Zweites schon viel reizvoller. Manchmal sind sie aber auch blockiert und machen vor lauter Ideen und Optionen gar nichts, was sie auch sehr unzufrieden werden lässt. Scanner sind einerseits fasziniert von vielen unterschiedlichen Dingen, gleichzeitig suchen sie

10 Die deutsche Übersetzung des Buches erschien 2008 unter dem Titel *Du musst dich nicht entscheiden, wenn du tausend Träume hast.*

vielfach nach der einen Sache, die ihr Interesse längerfristig bindet und sie glücklich macht. Daher versuchen sich viele Scanner einzuschränken und nicht jedem Gedanken nachzugehen. Wenn das dann aufgrund ihres Naturells nicht funktioniert, haben sie häufig das Gefühl, mit ihnen stimme etwas nicht und sie wären anders als alle anderen. Nicht selten wird ihnen dies auch von ihrer Umwelt so zurückgemeldet und gesagt, sie sollen sich doch endlich mal auf eine Sache festlegen.

Scanner fühlen sich meist äußerst befreit, wenn sie erkennen, dass dies eben bei ihnen so ist, wie es ist, und es noch viele weitere Personen auf dieser Welt gibt, denen es ähnlich geht. Dann können sie anfangen, zu ihren vielen Interessen sowie ihrer Vielbegabung zu stehen und diese zu akzeptieren. Als Konsequenz brauchen sie nicht mehr dem vermeintlichen Ideal der anderen nachzueifern, sondern können ihren eigenen Weg gehen und mit sich zufriedener und glücklicher werden.

Wie viele Hochbegabte nun tatsächlich als Scanner zu bezeichnen sind, muss noch erforscht werden. Jedoch ist bei vielen hochbegabten Erwachsenen die Neugierde und Aufgeschlossenheit gegenüber Neuem ähnlich hoch. Viele Hochbegabte brauchen ebenfalls ständig neue Anregungen. Hier haben sie vor allem eine Vorliebe für anspruchsvolle Dinge und Themen. Gerade bei schwierigen und komplexeren Sachverhalten zeigen sie eine große Begeisterung und haben eine hohe Eigenmotivation. Viele suchen sich gerade diese Herausforderungen selber, weil sie das Gefühl haben, dass ihnen ihr Alltag nicht genügend Anregungen bietet, sie nicht richtig ausgelastet und dadurch nicht wirklich zufrieden sind. So suchen viele zum Beispiel Gesellschaft, die ihren Horizont erweitert, gehen in Austausch mit Fachleuten, beginnen nebenbei ein Studium oder andere Qualifikationen (manchmal mehrere parallel), lesen viel, lernen eine neue Fremdsprache oder ein neues Musikinstrument, probieren viele unterschiedliche Dinge aus oder erledigen Dinge gleichzeitig – um nur einige Beispiele zu nennen. Die Anregungen oder Herausforderungen können auch Kleinigkeiten sein, die den Alltag abwechslungsreicher machen. So berichten einige Hochbegabte, dass sie bei langweiligen Routineaufgaben im Haushalt Lernprogramme hören, versuchen, in einer Fremdsprache zu denken oder ab und zu in Spiegelschrift zu schreiben. Hier sind der Phantasie keine Grenzen gesetzt. Manche Hochbegabte halten sich auch in Gesellschaft ein wenig zurück und „geben erst richtig Gas“, wenn sie alleine sind.

„Mein ‚Rezept' ist: viele Dinge gleichzeitig tun, um Langeweile zu minimieren, zum Beispiel in einem Vortrag nebenbei ein paar vertiefende Bücher lesen, E-Mails beantworten, im Internet surfen, Spiele spielen und trotzdem nebenbei zuhören." (Marie, 43)

„Ich muss ständig nachdenken. Außerdem bin ich ständig ‚auf der Jagd' nach neuen Informationen und lerne unheimlich gerne dazu. Ich versuche aber immer, Struktur in meine Überlegungen zu bringen, weil meine Gedanken mal schnell ‚mit mir durchgehen'." (Petra, 53)

„Ich merke, dass ich im Wesentlichen mehr mache als alle anderen, mehr Sport, mehr Musikinstrumente, mehr Vorlesungen, mehr andere Aktivitäten. Das ist wohl meine Art, mit der Hochbegabung umzugehen." (Viola, 23)

„Ich fange immer wieder Dinge an, für die ich mich schnell in einem Maße engagiere, die für meine Außenwelt schwer erträglich zu sein scheint. Ich werde dabei meist als übertrieben empfunden, da ich in diesen Phasen sehr intensiv, ja extrem am Thema bin und kaum eine Pause machen kann. Ich gehe förmlich darin auf. Allerdings fällt es mir schwer, auch mal eine notwendige Pause zu machen, wenn ich mich in eine Sache verbissen habe und nicht weiterkomme." (Ann-Kathrin, 49)

Egal wie jeder damit umgeht, ob er lieber Abenteuer- anstatt Strandurlaub macht, sich zusätzliche Betätigungsfelder in Vereinen oder Interessengruppen sucht oder etwas anderes, viele hochbegabte Erwachsene fühlen sich in einem abwechslungsreichen Umfeld am wohlsten. Ein Umfeld, das Anregungen, Veränderungen und eine breite Themenauswahl bietet sowie intellektuelle und geistige Herausforderungen. Rahmenbedingungen, in denen Fragen erwünscht sind, zum kritischen Denken angehalten wird und wissbegierige Menschen anzutreffen sind.

Auch wenn ein Großteil der hochbegabten Erwachsenen generell Anregungen und Herausforderungen liebt, ist dies natürlich nicht permanent und nicht bei allen so. Es gibt auch Hochbegabte, die nicht ständig auf der

Suche nach Input und Herausforderungen sind. Manche haben lieber konstante und planbare Rahmenbedingungen ohne große Überraschungen. Andere genießen es, nichts zu tun, den Tag auf dem Sofa zu verbringen oder „banalen" Tätigkeiten nachzugehen. Natürlich können sich auch Phasen der Entspannung und des Nichtstuns mit aufregenden und abwechslungsreichen Phasen abwechseln. Da hat jede Person ihren eigenen Wohlfühlbereich.

2.2.2 Interessen und Hobbys

Die Vorliebe für Anregungen unterschiedlicher Art zeigt sich besonders in den Interessen von Hochbegabten. Denn diese sind meist recht viele und vor allem breit gefächert. Die Tatsache, vielfältige Interessen zu haben, führen sehr viele hochbegabte Erwachsene auf ihre Hochbegabung zurück und sagen, dass sich Hochbegabung genau darin für sie in ihrem täglichen Leben zeigt. *Breite Interessen haben* war auch in meiner Befragung die Aussage, die nach einer *hohen Auffassungsgabe* am häufigsten für ein Sichtbarwerden der Hochbegabung im Alltag genannt wurde.

Nicht nur die Vielfalt der Interessen und Neigungen werten viele Hochbegabte als Zeichen ihrer Hochbegabung, sondern auch die Tatsache, dass es oft zu viele Interessen sind. Ein Sich-Verzetteln, von Thema zu Thema springen und den Fokus wechseln kann die Folge sein. Zuvor als interessant empfundene Dinge werden dann abgebrochen, oder es wird am Ende erst gar nichts begonnen. Hierunter leiden einige Hochbegabte, da sie das Gefühl haben, sich nicht spezialisieren zu können und dass ihnen dadurch am Ende die Expertise fehlt. Aufgrund der zahlreichen Interessensgebiete und oft vielfältigen Talente haben viele hochbegabte Erwachsene Schwierigkeiten sich zu entscheiden. Manche machen dann lieber nichts, sind damit letztendlich aber auch unglücklich. Andere Hochbegabte versuchen, dem Verzetteln oder „Am-Ende-gar-nichts-machen" entgegenzuwirken, indem sie zeitweise zum Beispiel quartalsweise ihren Interessen nachgehen und diese nacheinander verfolgen. Aber auch hier kann natürlich nicht immer allen Neigungen nachgegangen werden, und es wird sehr viel Zeit und Geduld dafür benötigt. Oft müssen Prioritäten gesetzt werden. Denn auch für Hochbegabte hat der Tag nicht 48 Stunden – auch wenn viele von ihnen sich das wünschen oder sich manchmal so verhalten. Man kann sich in vielen unterschiedlichen Themen engagieren, aber eben nicht immer gleichzeitig.

„Ich interessiere mich für vieles, im Grunde genommen für fast alles. Das macht die Entscheidung, was ich als Nächstes tun soll schwer. Ich springe oft von einem Interesse zum anderen." (Paul, 18)

„Ich habe tausend Interessen und weiß manchmal gar nicht, wann ich dem allen nachkommen soll." (Christoph, 58)

„Meine vielseitigen Interessen sind für mich Freude und Leid zugleich. Ich bin froh, kein langweiliges Leben und immer Begeisterung für Neues zu haben. Manchmal wird mir das aber auch alles zu viel, und dann sehne ich mich nach einem einfacheren Leben – auch wenn ich weiß, dass ich das eigentlich gar nicht haben möchte und nicht könnte." (Ulla, 45)

Welche besonderen Interessen haben Hochbegabte denn nun? Darüber gibt es unterschiedliche Meinungen, und es ist umstritten, ob sich Hochbegabte wirklich durch spezielle Interessen auszeichnen. Zumindest ist dies bei hochbegabten Erwachsenen so. Bei hochbegabten Kindern gibt es eine Reihe von Studien, die zum Teil Unterschiede zu nicht hochbegabten Kindern zeigen. Gerade im Vorschulalter, wo Kinder noch stärker ihren Bedürfnissen nachkommen können und weniger äußeren Erwartungen und Anforderungen ausgesetzt sind als später, sind Interessenunterschiede beobachtbar. Diese nehmen dann zur Pubertät hin ab, wo Konformitätsdruck und die Orientierung an den Gleichaltrigen vorrangig sind. So zeigen hochbegabte Vorschulkinder generell früher Interesse an Buchstaben und Zahlen sowie ein stärkeres Interesse für das Lesen[11] als durchschnittlich begabte Kinder. Auch interessieren sich hochbegabte Kinder im Gegensatz zu nicht hochbegabten Kindern eher für Dinge, mit denen sich Erwachsene auseinandersetzen und beschäftigen – auch wenn die Interessen an sich individuell sehr unterschiedlich sind. Denn wie jedes Kind in seiner Persönlichkeit verschieden ist, so sind natürlich seine Interessen und Neigungen auch individuell.

Auffällig sind jedoch gewisse Interessenunterschiede zwischen hochbegabten Mädchen und Jungen. Zwar werden der Intelligenzforschung entsprechend die Geschlechterunterschiede mit zunehmender Intelligenz generell

11 Interesse für das Lesen unterscheidet sich hier von einer frühen Lesefähigkeit.

geringer, so dass hochbegabte Mädchen ihren kognitiv-intellektuellen Interessen eher hochbegabten Jungen als durchschnittlich begabten Mädchen ähneln, aber dennoch lassen sich Interessenunterschiede feststellen. Vor allem mit zunehmendem Alter werden hier die Unterschiede größer. Lehnen jüngere hochbegabte Mädchen zum Teil typisch weibliche Beschäftigungen ab und ähneln den hochbegabten Jungen, verändert sich das Bild vor allem im Jugendalter zunehmend. Aber auch vorher sind Unterschiede erkennbar. So zeigen hochbegabte Mädchen im Vergleich zu nicht hochbegabten Mädchen zwar eine stärkere Präferenz auch für sogenannte „männliche" Interessen wie Planeten, Naturwissenschaften etc., aber insgesamt weniger als die hochbegabten Jungen. Ebenso verfolgen Mädchen ihre Hobbys vielfach nicht mit einer so starken Leidenschaft oder Besessenheit wie die Jungen. Die Interessen der hochbegabten Mädchen erscheinen häufig nicht so auffällig oder spektakulär wie die der hochbegabten Jungen. Sie lesen zum Beispiel gerne Mädchen- und Jugendromane sowie Pferdebücher wie ihre Altersgenossinnen. Hochbegabte Jungen hingegen lesen neben Comics und Witzbüchern auch häufig Sachbücher oder Nachschlagewerke.

Bei allen Unterschieden in den individuellen Interessen fällt doch häufig die Tendenz zu für ihr Alter anspruchsvollen Interessen auf und – wie bei hochbegabten Erwachsenen – das breite Interessenspektrum. Auch kommt es vielfach vor, dass sie ebenfalls mehreren Aktivitäten gleichzeitig nachgehen oder Dinge anfangen, diese aber nicht beenden und schon beim nächsten sind.

Hochbegabte Erwachsene berichten von sehr unterschiedlichen Interessensgebieten, wie sie eben auch bei Normalbegabten vorkommen. Auffällig ist jedoch, dass viele sagen, ihre Hobbys seien eher anspruchsvoller und ausgefallener. Andere Personen fänden ihre Interessen zum Teil komisch, exzentrisch oder bezeichneten diese als „Nerd-Hobbys". Manche Hochbegabte scheinen auch eine spezielle Herangehensweise an ihre Hobbys zu haben. So betreiben sie diese manchmal mit einer unglaublichen Intensität, Perfektionismus oder Verbissenheit. Gerade diese Intensität oder Kompliziertheit lässt Hochbegabte dann erst richtig ausgelastet und zufrieden sein. Was für andere viel zu anstrengend erscheint, ist für sie gerade richtig. Ein anspruchsvolles Hobby ist für viele hochbegabte Erwachsene ein guter Ausgleich zur vielleicht sonst herrschenden Unterforderung.

„Meine Interessen sind mit der Mehrheit meiner Mitmenschen nicht kompatibel – Dinge, die mich reizen und über die ich gerne nachdenke, empfinden andere oft als zu anstrengend." (Max, 42)

„Mich interessiert fast alles. Die meisten Interessen sind ‚exotisch', und daher kann ich nur mit sehr wenigen Leuten darüber reden. Astrophysik, Epigenetik, Neurowissenschaft. Meistens beschäftige ich mich auch mit mehreren Sachen gleichzeitig. Ich habe immer viele Bücher zu komplett unterschiedlichen Themen parallel in ‚Arbeit'." (Bernd, 59)

„Ich gestatte mir im Hobbybereich meine Kompliziertheit. Wen juckt's, wenn ich eine Doktorarbeit aus meinem Urlaub mache?" (Thommi, 37)

2.2.3 Langeweile und Unterforderung

Die Themen Langeweile und Unterforderung begleiten fast alle Hochbegabten in ihrem Leben auf die eine oder andere Weise – mal stärker, mal schwächer. Sie können weitreichende Folgen haben, und die Auswirkungen reichen von enormen Motivationsschüben, etwas ändern zu wollen und dadurch besondere Leistungen zu vollbringen, bis hin zu völligem Motivationsverlust oder Depressionen. Die Kehrseite der Freude an Herausforderungen, Abwechslung und Neugier ist das Leiden unter Langeweile und Unterforderung. Im Arbeitsleben hat sich hierfür inzwischen auch der Begriff Boreout etabliert, und es ist bekannt, dass dies ähnliche Folgen haben kann wie Burnout.

„Ich kann mit Langeweile generell nicht gut umgehen. Ich werde dann zunächst ungeduldig, dann gereizt und schließlich depressiv. Ich brauche immer eine Herausforderung, um ausgeglichen zu sein." (Martina, 32)

Vor allem wenn Langeweile und/oder Unterforderung dadurch forciert werden, dass der Hochbegabte von anderen Personen aktiv gebremst oder blockiert wird, kann dies für sein Leben und sein Selbstwertgefühl negative Konsequenzen haben. Darauf wird im Verlauf des Buches noch weiter eingegangen.

Auch wenn die Auswirkungen nicht so weitreichend sind, verursachen Langeweile und Unterforderung bei vielen hochbegabten Erwachsenen Unwohlsein und negativen Stress. Schwierig ist die Tatsache, dass sich bei vielen Hochbegabten eher schnell Langeweile einstellt, da sie generell Sachverhalte rasch verstehen und gerade einfache Dinge leicht durchdringen. Jede Wiederholung empfinden viele als unnötige Qual. Gerade bei alltäglichen Dingen, Routineaufgaben oder in der Schule und am Arbeitsplatz kann dies zum Problem werden. Denn Hochbegabte können sich häufig bei diesen vermeintlich banalen Dingen nicht so gut konzentrieren, machen Flüchtigkeitsfehler, sind motivationslos oder schalten ganz ab. Die Ergebnisse sind dann zum Teil alles andere als zufriedenstellend, was viele Personen – einschließlich der Hochbegabten selbst – oft verwundert. Denn gerade einfache Tätigkeiten müssten einer so intelligenten Person doch noch leichter fallen und besser von der Hand gehen als anderen. Manchmal kommen dann Zweifel oder Verunsicherung auf. Ist derjenige vielleicht doch nicht so schlau? Dies kann für denjenigen weitreichende Folgen haben. Zum einen kann er anfangen, selbst an sich und seinen Fähigkeiten zu zweifeln. Er traut sich dann vielleicht langfristig weniger zu, verliert an Selbstvertrauen sowie Selbstbewusstsein und schöpft am Ende sein Potenzial nicht aus. Das wiederum kann zu großer Unzufriedenheit führen. Zum anderen kann es sein, dass die anderen dem Hochbegabten auch weniger zutrauen und ihm in der Schule oder bei der Arbeit weniger anspruchsvolle Aufgaben geben. Wenn er diese dann wieder nicht seinen Möglichkeiten entsprechend bewältigt, kommen vielleicht noch größere Zweifel am Können und der Intelligenz der Person auf. So kann sich im ungünstigsten Fall eine Negativspirale entwickeln. Der betroffene Hochbegabte kann in vielen Situationen oder schlimmstenfalls dauerhaft seine Fähigkeiten nicht zeigen oder umsetzen, sein Potenzial nicht entfalten und sich zu einem „Underachiever“ entwickeln.

Als Underachiever wird eine Person bezeichnet, die eine längerfristig andauernde Diskrepanz zwischen ihren intellektuellen Begabungen und ihren Leistungen zeigt. Dies kann auf allen Fähigkeitsniveaus vorkommen und bezieht sich daher nicht nur auf Hochbegabte, wobei der Begriff in diesem Kontext sehr häufig benutzt wird. Über die Anzahl der hochbegabten Underachiever gibt es momentan sehr unterschiedliche Aussagen, denn auch in den Definitionen zum Begriff Underachievement gibt es Uneinigkeit. So ist zum Teil unklar, wie lange und wie groß die Diskrepanz zwischen Begabung und Leistung sein muss. Und natürlich wird auch immer die Frage, was als

Leistung gewertet wird, je nach Ziel und Blickwinkel unterschiedlich beantwortet. Daher gehen die Schätzungen darüber, wie viele der Hochbegabten (sowohl Kinder als auch Erwachsene) Underachiever sind, auch stark auseinander und reichen von knapp über 10% bis hin zu ungefähr 50% aller hochbegabten Personen.

Wichtig ist zu bedenken, dass nicht jeder Hochbegabte, der nicht gefordert wird oder sich mit einfachen Aufgaben schwer tut, gleich zum Underachiever wird. Dafür kommen normalerweise mehrere ungünstige Faktoren zusammen. Und auch nicht jeder Hochbegabte hat Probleme mit einfachen Tätigkeiten oder Routinen. Einige Hochbegabte haben individuelle Lösungen hierfür gefunden. Manche nutzen auch hier ihre kreative Ader und gestalten die Aufgaben spannender, machen Dinge gleichzeitig oder suchen das Komplexe in den einfachen Dingen. Andere lagern Routineaufgaben soweit möglich aus oder holen sich hierfür Unterstützung. Einige nehmen sich extra viel Zeit, versuchen, sich dabei stark zu fokussieren und zu konzentrieren oder sich ab und zu zu diesen Tätigkeiten zu zwingen. Denn jeder hat Dinge im Leben, die er nicht gerne mag oder nicht gut kann und die trotzdem irgendwann erledigt werden müssen. Das geht nicht nur Hochbegabten so.

Wie wir schon zu Beginn des Kapitels gesehen haben, fühlen sich viele Hochbegabte am wohlsten, wenn sie viele Anregungen bekommen, ihrer Neugierde und ihren Interessen nachgehen können. Langeweile und Unterforderung kann bei ihnen schnell zu Motivationslosigkeit führen oder ihr Leistungsvermögen bremsen. Gleichwohl können Hochbegabte ja nicht immer in allen Bereichen ausgelastet sein und überall Input und Herausforderungen erhalten. Zudem benötigen ja auch nicht alle von ihnen dies in gleichem Maße. Solange jeder die Möglichkeit hat, auch selbstbestimmt für Anregungen zu sorgen und seinen Neigungen nachzugehen, finden viele eine angemessene Balance. Ist zum Beispiel ihre Arbeit nicht so anspruchsvoll, wie sie es sich eigentlich wünschen, gehen viele hochbegabte Erwachsene in ihrer Freizeit besonders anspruchsvollen Tätigkeiten nach. Oft wünschen sie sich dennoch einen anderen Job, aber durch die Herausforderungen im Privatleben können sie schon viel ausgleichen. Ist der Beruf stark herausfordernd, brauchen einige dies im Privaten weniger. Die Balance und das individuelle Maß sind entscheidend für die Gesamtzufriedenheit.

Besonders problematisch ist es für Hochbegabte, wenn sie sich in schwierigen Lebensumständen befinden, in denen sie wenig Zeit, wenig Energie oder Möglichkeiten haben, ihrer Neugierde freien Lauf zu lassen und

Anregungen zu bekommen oder Interessen nachzugehen. Dies können Zeiten sein, in denen die ganze Kraft und Zeit dazu verwendet werden muss, den Lebensunterhalt zu verdienen oder sich fast 24 Stunden am Tag um die eigenen Kinder oder Angehörige zu kümmern oder aus einem anderen Grund wie zum Beispiel Krankheit stark fremdbestimmt und eingeschränkt zu sein. Der Drang nach Wissen, Herausforderungen und Horizonterweiterungen kann dann nicht befriedigt werden. Vorteilhaft ist hier, wenn trotz der schwierigen Umstände kleine Schlupflöcher für eigene Unternehmungen und Interessen gefunden werden können. Zudem kann es helfen, sich zu vergegenwärtigen, dass die aktuelle Situation – so schwer aushaltbar sie auch sein mag – nicht auf Dauer so bleiben wird und eine sehr schwierige Phase darstellt. Dies ist natürlich – vor allem wenn derjenige noch mitten drin steckt – nicht einfach. Denn manchmal ist nicht absehbar wie lange dieser Zustand noch anhält und wann endlich Licht am Ende des Tunnels erscheinen wird.

Auch wenn aktuell nichts verändert oder verbessert werden kann, hilft es, wieder in die Selbststeuerung zu kommen und sich nicht passiv oder als Opfer zu fühlen – und sei dies nur in Gedanken. Das bedeutet, dass man sich zum Beispiel überlegen kann, welchen schönen Dingen man gerne nachgehen möchte, sobald sich die Lage etwas entspannt hat. Noch besser ist natürlich, wenn schon ein Ende der schwierigen Lage sichtbar ist und so konkretere Pläne geschmiedet werden können. Am besten nicht gleich zu viel vornehmen und eher kleine Dinge Schritt für Schritt in Angriff nehmen, damit man nicht enttäuscht wird, wenn es nicht so schnell und nicht im gewünschten Umfang klappt wie vorgestellt. Unter Umständen ist es aber sogar nebensächlich, ob die geplanten Unternehmungen wirklich immer in die Tat umgesetzt werden. Alleine das Gefühl, die Dinge selber in die Hand zu nehmen und etwas tun zu können, kann das Gefühl der Ohnmacht und gegebenenfalls entstandenen Lethargie vertreiben.

Anregungen für den Spagat zwischen Wissbegierde, Interessenvielfalt und Unterforderung in Kürze:

- Input und Herausforderungen selber suchen
- In verschiedenen, breitgefächerten Themen engagieren
- Auch „kleine“ Anregungen in den Alltag integrieren oder das Komplexe in einfachen, alltäglichen Dingen suchen

- Komplexem, anspruchsvollem Hobby nachgehen
- Zeit in Hobbys und Interessen investieren
- Viel lesen
- Ggf. Interessen intensiver verfolgen, wenn man alleine ist oder selbst bestimmt agieren kann
- Inspirierendes, anregendes Umfeld suchen
- Kontakt mit anderen wissbegierigen Menschen pflegen
- Prioritäten bei Interessen setzen und Hobbys ggf. nacheinander verfolgen, falls Verzettelung droht
- Interessen und neue Ideen oder Projekte visualisieren, damit nicht alles durcheinander im Kopf herumschwirrt oder verloren geht
- Bedenken, dass manchmal gerade „einfache“ Dinge schwer fallen, und dies nicht als mangelnde Intelligenz oder mangelnde Fähigkeiten generell werten
- Ggf. Unterstützung bei Routinetätigkeiten suchen oder diese auslagern
- Bei vermeintlich Banalem bewusst langsam machen, mögliche Ablenkungen aus dem Weg schaffen, konzentrieren und zum Beispiel einen Schritt nach dem anderen machen

2.3 Selbstwahrnehmung

Wie sich hochbegabte Erwachsene im Bezug auf ihre Hochbegabung wahrnehmen, ist äußerst unterschiedlich. Es gibt viele Hochbegabte, für die ihre Hochbegabung im Alltag keine besondere Rolle zu spielen scheint. Viele der von mir befragten Personen haben hierzu gesagt, sie fühlten sich normal, Hochbegabung mache sich gar nicht oder nur wenig in ihrem täglichen Leben bemerkbar. Daher benötigen sie auch keine besondere Strategie, um mit ihrer Hochbegabung umzugehen. Sie sind so, wie sie sind, und kommen damit im Allgemeinen gut zurecht, sagen sie.

„Ich merke meine Hochbegabung nicht.“ (Melanie, 30)

„Ich lebe mein Leben so normal wie andere.“ (Ernst, 68)

„Im Alltag spielt meine Intelligenz keine Rolle." (Martin, 46)

„Ich fühle mich normal." (Paul, 20)

„Ich bin ich. Da tritt die Hochbegabung speziell nicht in Erscheinung. Sie ist für mich eine Eigenschaft wie jede andere auch." (Birgit, 35)

„Eine besondere Umgangsstrategie ist nicht notwendig." (Christa, 58)

„Ich bin halt normal für meine Sicht auf mich." (Maximilian, 24)

Andere haben dazu geantwortet, dass sie diese Frage gar nicht beantworten könnten, da sie ja eigentlich keinen Vergleich hätten. Schließlich würden sie ja nur ihr Leben mit Hochbegabung kennen und könnten diese auch nicht von ihrer Persönlichkeit trennen. Das ist natürlich völlig richtig. Im Endeffekt können wir nie wirklich sagen, was im Leben nun an der Hochbegabung liegt und was nicht. Hier geht es eher um das subjektive Empfinden jedes Einzelnen. Denn das bestimmt, ob er sich mit seiner Hochbegabung wohlfühlt oder nicht, sie als Bereicherung oder Behinderung sieht und wie er diesbezüglich den für sich passenden Weg findet.

Der Großteil der Befragten und meiner Klienten bemerkt aber schon Besonderheiten in ihrer Selbstwahrnehmung aufgrund ihrer Hochbegabung. Viele Hochbegabte, die von sich wissen, dass sie hochbegabt sind, reflektieren ihr Leben eben auch unter diesem Aspekt. Die Wahrscheinlichkeit, dass gerade diese Hochbegabten an einer Befragung teilnehmen, ist natürlich groß. Und in meiner Coaching-Praxis sehe ich naturgemäß diejenigen, für die dies ein Thema ist und die sich mit ihrer Hochbegabung auseinandersetzen. Die Bandbreite, wie derjenige sich selber wahrnimmt und was er im Bezug auf seine Hochbegabung über sich empfindet, ist sehr groß. In der Befragung äußerten sich zum Beispiel viele hochbegabte Erwachsene, die sehr zufrieden sind und Hochbegabung für ihr Leben als etwas sehr Positives sehen.

„Hochbegabung ist für mich eine Bereicherung in allen Bereichen." (Peter, 51)

„Ich bekomme dadurch einfach generell mehr hin als andere.“ (Melanie, 42)

„Ich nutze die Vorteile und freue mich darüber.“ (Tom, 24)

Diese „rundum“ zufriedenen Hochbegabten sehe ich in meinen Coachings natürlich nicht. Darum ist es für mich umso schöner zu sehen, wie hoch der Anteil der Hochbegabten in der Studie war, die sich „normal“ fühlen oder Hochbegabung als Bereicherung empfinden. Ca. 15–20% aller Befragten äußerten sich in diese Richtung und dies, ohne dass explizit nachgefragt wurde, wie sie sich fühlen (dann wären es wahrscheinlich noch viel mehr gewesen). Denn es wurde nur gefragt, woran sich Hochbegabung in ihrem privaten und/oder beruflichen Alltag bemerkbar macht. Und unter diesen Hochbegabten sind ja „nur“ die Hochbegabten, die von ihrer Hochbegabung wissen. Sicherlich gibt es viele weitere, recht zufriedene hochbegabte Personen, die nur nicht wissen, dass sie hochbegabt sind. Ich finde es wichtig, diesen Anteil an „zufriedenen“ Hochbegabten zu betonen. Denn in der Außendarstellung von Hochbegabung und hochbegabten Personen wird zu oft das einseitige Bild des durch die Hochbegabung mit Problemen beladenen Hochbegabten vermittelt. Die Realität sieht auch hier wie so oft anders aus. In meiner Praxis sehe ich meistens Hochbegabte, die Unterstützung suchen, die Hochbegabung generell oder in bestimmten Bereichen besser in ihr Leben zu integrieren und damit noch gewinnbringender für sich im privaten und/oder beruflichen Leben einzusetzen (wobei Gewinn hier in den meisten Fällen nicht materiell gemeint ist). Sie erleben ihre Hochbegabung in einigen – zum Teil sehr wesentlichen – Teilen ihres Lebens als belastend oder noch nicht optimal integriert. In anderen Bereichen können viele die Vorzüge der Hochbegabung allerdings durchaus sehen und (versuchen zu) genießen.

Leider gibt es aber auch eine nicht geringe Anzahl hochbegabter Erwachsener, in deren Selbstwahrnehmung ihre Hochbegabung als störend und äußerst hinderlich wahrgenommen wird.

„Ich empfinde Hochbegabung wie eine Behinderung.“ (Christian, 36)

„Sie bringt mir keine Vorteile in meinem Leben. Eher das Gegenteil ist der Fall.“ (Anna, 28)

„Ich habe keine guten Umgangsstrategien für meine Hochbegabung. Sie ist in meinem Alltag hinderlich.“ (Sven, 44)

Zwischen diesen unterschiedlichen Sichtweisen bewegt sich die Selbstwahrnehmung hochbegabter Erwachsener. Die prägnantesten und am meisten beobachteten Merkmale werden in diesem Kapitel näher beleuchtet.

2.3.1 Perfektionismus und Selbstkritik

„Ich verstehe die Dinge schnell, behindere mich aber auch oft damit, dass ich alles ganz genau wissen will und es perfekt wissen muss. Das Motto ‚Ich weiß, dass ich nichts weiß‘ ist mein ständiger Begleiter und hindert mich daran, Dinge, die ich weiß, als ‚Wissen‘ wahrzunehmen. Andere Menschen verkaufen sich da wesentlich besser, ich bin meine strengste Kritikerin.“ (Marion, 34)

„Ich bin oft sehr kritisch mir gegenüber – auch wenn man wohl objektiv sagen könnte, dass ich schon viel erreicht habe.“ (Peter, 52)

„Ich habe Freude an lebenslangem Lernen und ständiger Weiterentwicklung. Auch daraus resultiert das Gefühl, nie gut genug, nie fertig, sondern immer noch Dilettantin zu sein – selbst bei Tätigkeiten, die ich seit Jahren mache.“ (Sabine, 43)

„Ich habe in Informatik promoviert, obwohl mich das Thema nicht allzu sehr interessiert, würde mich aber generell als ‚Underachiver‘ bezeichnen.“ (Martin, 38)

„Ich denke immer, dass meine Leistungen noch nicht gut genug sind, weil ich als Hochbegabte doch eigentlich besser sein müsste als der Durchschnitt.“ (Julia, 40)

„Ich bin hoch intrinsisch motiviert und strebe gern nach Perfektion.“ (Judith, 47)

„Generell habe ich einen Hang zum Perfektionismus." (Michael, 37)

Solche Aussagen sind typisch für Hochbegabte. Denn die Kehrseite des vielen, tiefen und weitreichenden Denkens ist, dass es ihnen ihre eigene Begrenztheit und all die Dinge, die sie noch nicht wissen oder können, vor Augen hält. Der Hochbegabte sieht eben gleich, woran es noch hapert, welche Fehler noch da sind und wie weit der Weg zur vermeintlichen Perfektion noch ist. Dieses Wissen führt bei vielen Hochbegabten dazu, zu starke Selbstkritik zu üben. Sie geben sich selten mit Erreichtem zufrieden, sehen weiter die Diskrepanz zwischen ihren (oft schon überdurchschnittlichen) Leistungen und dem, was im Idealfall möglich wäre. So erwarten Hochbegabte oft zu viel von sich, und viele entwickeln einen Hang zum Perfektionismus. Dabei vergessen sie zuweilen, wie gut die bisherigen Errungenschaften möglicherweise schon sind und dass diese häufig gar nicht besser sein müssten. Im Vergleich zu anderen Personen sind ihre Leistungen und ihr Können vielfach schon sehr gut, zum Teil außergewöhnlich. Aber mancher Hochbegabte vergleicht sich nicht mit anderen (vielleicht auch hochbegabten) Menschen, sondern eher mit fiktiven „perfekten" Personen. Diesem Vergleich kann natürlich niemand standhalten.

Hochbegabte Erwachsene haben aufgrund dieses (zu) hohen Anspruchs an sich selbst häufig Probleme, ihre eigenen Leistungen anzuerkennen. Sie selber sehen diese als nichts Besonderes an und können daher Lob und Anerkennung oft nicht genießen. Manche fühlen sich dann regelrecht schlecht, da sie der Auffassung sind, diese Anerkennung in Wahrheit nicht zu verdienen und sich beim nächsten Mal noch mehr anstrengen zu müssen. Selbst- und Fremdbild stimmen häufig nicht überein. Dies kann – durch die Selbstkritik gepaart mit den hohen Ansprüchen – dazu führen, dass sie sich enorm unter Druck setzen.

Dieses Gefühl, mehr tun zu müssen, noch besser zu sein, haben viele hochbegabte Erwachsene aber nicht nur gegenüber sich selbst, sondern auch gegenüber anderen Personen. So denken viele, dass die anderen eigentlich mehr von ihnen erwarten – vor allem wenn die anderen wissen, dass derjenige hochbegabt ist. Denn sie haben dieses Bild vom „perfekten, schlauen, immer hervorragende Leistungen bringenden" Hochbegabten vor Augen oder denken, dass die anderen dies zumindest haben und dementsprechende Ergebnisse erwarten. Und zwar nicht nur manchmal, sondern immer. Wenn sie dann mal nicht top sind, befürchten sie, dass andere meinen könnten, sie seien faul, charakterschwach oder Ähnliches. Solche falschen Vorstellungen von hochbegabten

Personen – meist durch Unwissen – sind natürlich Unsinn, schwirren aber nach wie vor in vielen Köpfen herum und können gehörigen Stress verursachen. Hiergegen hilft das Wissen, was Hochbegabung wirklich bedeutet, sowie eine realistische Einschätzung der jeweiligen Situation. Auch von Seiten des Hochbegabten!

Die mehr oder weniger ausgeprägte Tendenz zum Perfektionismus kann bei Hochbegabten auch darin begründet sein, dass sie von klein auf in vielen Dingen recht schnell sehr gut waren und mit relativ wenig Aufwand Erfolge verbuchen konnten. Viele sind es gewohnt, sich zum Teil wenig anstrengen zu müssen und dennoch oft überdurchschnittlich gut zu sein. Dies kann unterschiedlich bewertet werden. Zum einen kann die Überlegung sein: „Wenn ich also mit relativ geringer Anstrengung schon so gute Ergebnisse erzielen kann, möchte ich die Dinge noch besser, noch perfekter hinbekommen. Wenn ich mich mal richtig bemühen und härter arbeiten würde, würde ich nicht nur überdurchschnittlich gut, sondern der Beste sein. Wenn ich dann aber nicht der Beste bin, waren meine Anstrengungen wohl noch nicht genug.“ Solche Gedankengänge können dazu führen, dass sich Hochbegabte selbst mit hervorragenden Ergebnissen noch lange nicht zufriedengeben. Es wird weiter das „Haar in der Suppe“ gesucht, die „Fehler“ oder „Unzulänglichkeiten“ gesehen – auch wenn sie noch so klein sind. Denn manch Hochbegabter ahnt, was noch alles drin wäre, wenn er sich mal „richtig“ anstrengen würde. Dass aber meist noch weitere Faktoren zum erfolgreichen Erreichen eines Ziels eine Rolle spielen und diese nicht immer alle beeinflussbar sind, wird zuweilen übersehen oder übergangen.

Eine andere Möglichkeit, gute Ergebnisse zu bewerten, die ohne viel Aufwand erzielt wurden, kann so aussehen: „Wenn ich mir nicht viel Mühe geben muss, hat das Endergebnis wohl nichts mit meiner Leistung zu tun, sondern beruht vielleicht mehr auf Glück, Zufall oder anderen Dingen. Ich mogel mich also eher irgendwie durch. Allerdings scheint dies bisher noch keinem aufgefallen zu sein. Damit ich aber zukünftig nicht auffliege und die anderen meine Unzulänglichkeiten nicht bemerken, muss ich mich unbedingt mehr anstrengen.“ So fühlen sich viele Hochbegabte als eine Art „Blender“ und hoffen, dass sie nicht enttarnt werden. Damit dies nicht geschieht, versuchen sie, über besonders viel Wissen zu verfügen, möglichst keine Fehler zu machen und insgesamt noch besser zu werden. Dieses Gefühl wird in der Literatur auch unter dem Begriff „Hochstaplergefühl“ oder „Impostor-Syndrom“ beschrieben und betrifft auch etliche hochbegabte Erwachsene. So kann die Angst aufzufliegen auch eine Ursache für den Perfektionsanspruch sein.

Aber natürlich gibt es auch Hochbegabte, die es sehr genießen, mit weniger Aufwand zufriedenstellende und gute Resultate zu erreichen. Sie freuen sich über die gesparte Zeit und Energie, die sie für anderes verwenden können.

Selbstkritik und Streben nach Perfektion können viel Stress bedeuten. Es kann sehr viel Zeit, Kraft, Lebensenergie und Freude nehmen. Vor allem ist übertriebene Selbstkritik und Perfektion oft nicht notwendig und kontraproduktiv. Mit verschiedenen Strategien kann dem entgegengetreten werden. Zunächst kann derjenige sein Wertesystem überprüfen. Welche Werte habe ich? Sind das überhaupt die richtigen Werte für mich? Sind sie eigentlich gut, nur ich übertreibe sie nach dem Motto: die Dosis macht das Gift? Sind es meine eigenen Werte oder die von anderen? Dann kann derjenige sein eigenes Wertesystem aufstellen und die eventuelle Selbstkritik oder den Perfektionsanspruch daran überprüfen. Vielleicht fällt das Urteil über sich selbst am Ende doch nicht mehr so streng aus.

Ferner kann die betreffende Person eine Art Statistik der eigenen Erfolge und (vermeintlichen) Misserfolge anfertigen und diese dann mit denen anderer Personen vergleichen. Natürlich darf der Vergleich hier nicht nur mit den besten Personen auf dem jeweiligen Gebiet erfolgen, sondern soll möglichst objektiv sein. Auch hier kommt derjenige eventuell zu der für ihn überraschenden Erkenntnis, im Endeffekt doch recht gut dazustehen. Und die dennoch aufgedeckten Fehler oder Misserfolge müssen vielleicht einfach akzeptiert und als Chance gesehen werden, es beim nächsten Mal anders und möglichst besser machen zu können. Denn wer aus Fehlern lernt, kann diese am Ende auch auf die Erfolgsseite verbuchen.

Aber wie schafft man es, die eigenen (hohen) Ansprüche und den Hang zum Perfektionismus in einem „gesunden“, d. h. zielführenden und angemessenen Rahmen zu halten? Kennen Sie zum Beispiel die 80:20-Regel oder auch Pareto-Prinzip genannt? Menschen verbringen oft viel Zeit und Energie mit zum Teil nebensächlichen oder eher unwichtigen Tätigkeiten und reiben sich daran auf. So kommen sie häufig am Ende mit den wichtigen Aktivitäten nicht zufriedenstellend voran. Oder sie haben schon den Großteil ihres Vorhabens geschafft und halten sich noch ewig mit den Kleinigkeiten auf, die ihrer Meinung nach zur perfekten Vollendung fehlen. Bei diesem Dilemma kann die 80:20-Regel äußerst hilfreich sein. Denn sie besagt, dass lediglich 20% der (richtigen) Arbeit erforderlich sind, um bereits 80% des Ergebnisses zu erzielen.

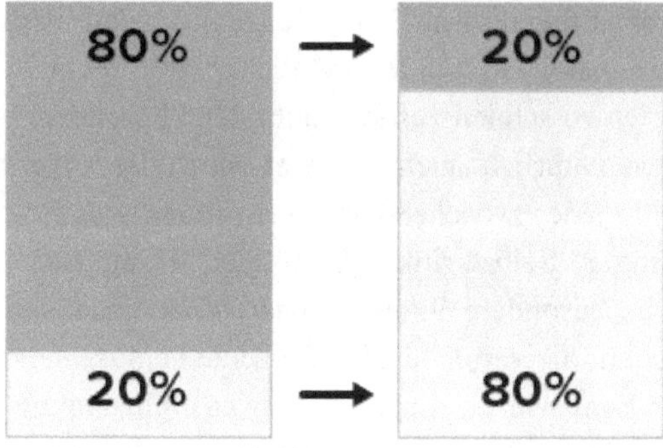

Eine relativ geringe Menge richtig eingesetzter Ressourcen liefert also schon den Großteil des gewünschten Erfolges. Um jedoch die verbleibenden 20% bis zu 100% des Gesamterfolges zu erreichen, wären weitere 80% Arbeit nötig. Im Verhältnis ein sehr großer Aufwand. Gerade zum Perfektionismus neigende Personen, die eigentlich gerne 100% erreichen würden, sollten sich dieses Verhältnis vergegenwärtigen und abwägen, ob dieser enorme Mehraufwand sich wirklich lohnt. Und lässt sich 100% überhaupt erreichen? Ist das realistisch? Wenn ja, welche Opfer müssen dafür erbracht werden? Ist dies wirklich gerechtfertigt? Reichen bei den meisten Dingen nicht 80% aus? Vor allem, wenn diese im Endeffekt mit 20% an Zeit und Energie zu erreichen sind.

Statt undurchdacht alle möglichen Aufgaben zu erledigen oder sich am Ende in (unwichtigen) Details zu verlieren, ist es hilfreich, vorher Prioritäten zu setzen. Also sich Zeit zu nehmen und zu überlegen, welche Aktivitäten einen großen Einfluss auf das gewünschte Ergebnis haben, welche Ziele wirklich erreicht werden sollen und ab wann man sich zufriedengeben kann. Diese vorher investierte Zeit wird sich im gesamten Prozess der Zielerreichung bemerkbar machen. Hilfreich können hier zum Beispiel die ABC-Analyse oder das Eisenhower-Prinzip sein. Obgleich Hochbegabte oft gerne mehr erreichen würden oder bessere Ergebnisse erzielen möchten, sollten sie sich in Anbetracht begrenzter Zeit- und Kraftressourcen bemühen, ehrliche und vor allem realistische Antworten zu finden. Das Wissen um die 80:20-Regel und den enormen Mehraufwand von 80% bis hin zu 100% kann bei der Zieldefinition, dem Planen von konkreten Maßnahmen sowie vor allem bei der Überprüfung der eigenen Ansprüche sehr hilfreich sein.

Auch wenn in den vorangegangenen Absätzen eher die hinderlichen Aspekte der Selbstkritik und der Perfektionsansprüche dargestellt wurden, haben diese gleichwohl auch eine sehr positive Seite. Es ist die Seite, die diejenigen zu noch besseren Ergebnissen, Höchstleistungen und Außergewöhnlichem anspornt. Solche Leistungen würden möglicherweise nicht zustande kommen, wenn derjenige sich zu schnell zufriedengibt. Und besondere Errungenschaften können Menschen natürlich auch mit viel Stolz, Selbstvertrauen und Kraft erfüllen. Nur sollte jeder zwischendurch überprüfen, wie das eigene Motiv ist. Ist es „unberechtigte" Selbstkritik? „Unnötiger" Hang zum Perfektionismus? Oder erfordert die besondere Situation das Dranbleiben und Weitermachen? Hat man Spaß daran, die verbleibenden Prozente herauszuholen oder das letzte Rätsel zu lösen? Egal wie die Entscheidung ausfällt und aus welchem Motiv heraus gehandelt wird, wichtig ist, dass derjenige sich möglichst bewusst dafür entscheidet – auch wenn es in den Augen anderer „übertriebener" Perfektionismus oder „überzogene" Selbstkritik ist. Eine bewusste eigene Entscheidung kann für die betreffende Person in der jeweiligen Situation genau das Richtige sein. Selbstbestimmt zu handeln, fühlt sich wesentlich besser an und gibt letztendlich wesentlich mehr Energie, als aus irgendeinem Zwang heraus zu handeln oder sich passiv als Opfer zu fühlen.

2.3.2 Selbstzweifel und sich anders fühlen

Selbstzweifel gehören wie die gerade beschriebene Selbstkritik bei vielen Hochbegabten zum täglichen Leben dazu. Dabei müsste man doch meinen, dass so intelligente und zu vielem fähige Personen eher weniger von Selbstzweifeln heimgesucht werden. Jedoch scheint eher das Gegenteil der Fall zu sein.

Diese Selbstzweifel rühren bei vielen auch daher, sich irgendwie anders zu fühlen als die anderen. Das Gefühl anders zu sein als andere haben einige Hochbegabte schon sehr früh. Bereits als Kinder bemerken sie Unterschiede zu Gleichaltrigen im Denken, in der Auffassungsgabe, in der Wahrnehmung und Kommunikation. Einige stoßen hier auf erhebliches Unverständnis und Ablehnung. Das kann sie weiter verunsichern und das Gefühl, dass sie anders sind, festigen. Vielfach kann dieses diffuse Gefühl „irgendwie anders zu sein" nicht richtig eingeordnet werden – gerade wenn es in jungen Jahren auftritt. Derjenige sucht dann „den Fehler" eher bei sich. Er denkt, die anderen sind normal und er ist anders. Hierbei wird „normal" meist als „gut" und „anders" als „schlecht" interpretiert. Es wird automatisch angenommen, dass die Mehrheit der Bevölkerung, die durchschnittlich intelligent ist, „richtig" ist und die hochbegabte Minderheit eben „falsch". Da durchschnittlich Intelligente einfach in der Überzahl sind, legen sie die „Spielregeln“ fest, bestimmen, was als gut und schlecht, normal und unnormal etc. angesehen wird. Und dies stimmt eben nicht immer mit den Ansichten, Verhaltensweisen und Wünschen der Hochbegabten überein.

Da Menschen jedoch grundsätzlich den Wunsch haben, dazuzugehören und sozial integriert zu sein, bedeutet dieses Sich-anders- oder -ausgeschlossen-Fühlen großen Stress und Leidensdruck für die betroffenen Personen. Dieser kann sich auf sehr unterschiedliche, zum Teil gravierende Arten äußern. Die Bandbreite reicht von eher leichter Verunsicherung oder Unzufriedenheit über ein niedriges Selbstvertrauen und Selbstzweifel bis hin zu starken Einsamkeitsgefühlen oder Depressionen. Nicht immer müssen die Auswirkungen natürlich so erschreckend sein. Den Betroffenen hilft meist, wenn sie wenigstens einen Gleichgesinnten in ihrem näheren Umfeld haben. Allein das Gefühl, ich bin nicht alleine anders, sondern gehöre immerhin einer kleinen Minderheit an, ist leichter zu bewältigen, als sich ganz alleine zu fühlen. Dennoch begleitet das Gefühl des Andersseins und dessen Folgen viele Hochbegabte bis ins Erwachsenenalter.

> *„Ich fühle mich immer als Außenseiter. Bevor ich von der Hochbegabung erfahren habe, habe ich MICH für dumm gehalten. Jetzt weiß ich, dass es anders ist. Dennoch fühle ich mich noch oft als anders.“ (Marita, 50)*

> *„Mein Selbstvertrauen ist generell niedrig, und ich suche den Fehler meist zunächst bei mir selbst.“ (Thomas, 38)*

> *„Ich glaube, ich bin nicht massenkompatibel, gehöre nicht dazu und wirke auf andere irgendwie seltsam und anders.“ (Peter, 50)*

> *„Ich habe ein geringes Selbstwertgefühl und bin in vielen Situationen oft unsicher. Andere tun sich da viel leichter.“ (Sabine, 42)*

> *„Ich habe ein starkes Bedürfnis, dazu gehören zu wollen.“ (Mark, 24)*

„In der Schule war ich sehr einsam. Ich hatte gar keine Freunde und war die klassische Außenseiterin. Jetzt im Studium habe ich einige Freunde gefunden und fühle mich mehr unter Gleichgesinnten." (Jenny, 24)

Vielen Hochbegabten ist lange nicht klar, dass sie hochbegabt und deswegen in manchen Aspekten anders sind. Das Gefühl des Andersseins ist zunächst einfach da, vielfach nicht richtig zu greifen, und derjenige sucht nach Lösungen, damit irgendwie umzugehen. Oft ist dies eine lange und manchmal erfolglose Suche in alle möglichen Richtungen. Wesentlich leichter fällt es, Lösungen zu finden, wenn klar ist, dass man aufgrund der Hochbegabung auf gewisse Weise anders ist. Dann kann derjenige anfangen zu forschen, wie genau sich die Hochbegabung bei ihm bemerkbar macht und worin das Anderssein begründet ist. Zudem kann er beginnen, sein Anderssein umzudeuten, und es nicht mehr mit „schlecht", sondern in manchen Dingen lediglich „anders als andere" in Verbindung zu bringen. Dieses „anders" kann als neutral bewertet werden wie bei anderen Personen, die aufgrund einer Eigenschaft, Krankheit oder Situation anders sind als andere. Bei denen würde man selber im Normalfall ja auch nicht auf die Idee kommen, sie als schlecht anzusehen. Warum dann bei sich selbst? Im Idealfall führt die Erkenntnis, aufgrund von Hochbegabung anders zu sein, zu einer positiven Bewertung und mehr Selbstvertrauen wie im nächsten Kapitel beschrieben.

Das Umdeuten von Situationen in der Vergangenheit kann auch dazu beitragen, die entstandenen Selbstzweifel zu minimieren. Denn aufgrund des Sich-anders- und eher -schlechter-Fühlens haben viele Hochbegabte Selbstzweifel entwickelt. Diese Selbstzweifel beziehen sich bei vielen hochbegabten Erwachsenen auf ihre Leistungen und ihr Können. Wie bei der im vorherigen Kapitel beschriebenen Selbstkritik zweifeln sie an ihrem Wissen, unterschätzen ihre Fähigkeiten, sind verunsichert oder stellen ihr Licht unter den Scheffel – dies betriff vor allem viele Frauen.

„Ich kann eigentlich nichts richtig." (Susanne, 38)

„Durch meine Selbstzweifel verkaufe ich mich unter Wert. Und das ärgert mich!" (Christoph, 46)

„Ich habe Versagensangst. Denke aber auch, dass ich eher weniger kann." (Armin, 26)

„Bin immer noch auf der Suche nach meinem Talent." (Monika, 48)

„Ich habe in meinem Leben nicht genug erreicht." (Günther, 68)

„Ehrlich gesagt komme ich mir eher dumm vor." (Valentina, 28)

Viele hochbegabte Erwachsene leiden unter dem Gefühl, ihr Potenzial nicht auszuschöpfen und unter ihren Möglichkeiten zu bleiben. Sie wissen, dass ihre Selbstzweifel sie zum Teil daran hindern. Vor allem wenn die Selbstzweifel eher generell auftreten und die Person als Ganzes betreffen, können sie eine enorme Bremse und ein großes Hindernis sein.

Diese Selbstzweifel zu minimieren und Selbstvertrauen aufzubauen, ist oft ein entscheidender Faktor auf dem Weg, den eigenen Begabungen und Fähigkeiten entsprechend zu agieren und zu leben. Hierfür ist es wichtig, die Hochbegabung anzuerkennen. Denn sie ist ein großer Teil der Persönlichkeit, der sich in vielen Lebenslagen und Situationen bemerkbar macht. Diesen Teil zu unterdrücken oder zu verleugnen, ist dauerhaft kaum machbar und kostet Kraft. Vor allem kann vieles, was aktiv unterdrückt wird oder im Verborgenen schlummert, kostbare Energie ziehen und eine eher negative, hemmende Wirkung entfalten. So beschäftigt derjenige sich am Ende doch damit, obwohl er gerade das nicht wollte. Und dies meist auf unproduktive, zeit- und energieraubende Weise. Die Akzeptanz und das Integrieren der Hochbegabung in das eigene Leben ist die Voraussetzung, um seine Begabungen ans Licht zu holen und auszuleben.

Aber wie akzeptiert man etwas, das so komplex und im täglichen Leben nicht immer einfach ist? Zunächst hilft es, Informationen über Hochbegabung zu sammeln. Zu überprüfen, was das eigentlich ist, welche falschen Vorstellungen und Klischees davon eventuell im Kopf herumschwirren und was davon überhaupt auf einen selber sowie das eigene Leben zutrifft. Wo macht sich Hochbegabung bei mir bemerkbar? Welche konkreten Situationen sind dies?

Danach kann versucht werden, die Situationen zu analysieren und was sie für die Person bedeuten. Haben sie überhaupt eine besondere Bedeutung? Was ist gut oder hilfreich daran, was eher schlecht oder hinderlich? Wie ist das für mich und wie geht es mir dabei? Wie fühle ich mich? Ist etwas angenehm oder eher belastend? Zu Beginn kann es einfacher sein, sich auf die angenehmen Situationen zu konzentrieren und das Augenmerk auf die positiven Aspekte zu lenken. Hier die eigene Hochbegabung anzuerkennen und sich darüber zu freuen, ist natürlich leichter. Und wichtig. Denn hochbegabt zu sein hat viele Facetten, und da gehören wie bei allem positive und negative dazu – nur haben viele Hochbegabte die Tendenz, eher die Fehler oder „das Glas halbleer“ zu sehen. Eine Konzentration auf Positives tut hier gut, kann viel zu einem positiven Selbstwertgefühl beitragen und macht letztendlich auch Spaß. Aber auch bei den auf den ersten Blick eher negativen Dingen lohnt es sich, zu hinterfragen, was letztendlich daran doch vorteilhaft ist und in welchen Situationen es hilfreich sein kann. Denn meistens ist eine Sache nie ausschließlich hinderlich oder schlecht. In anderen Kontexten ist sie oder ein gewisses Verhalten wohlmöglich äußerst nützlich. So lassen sich auch vermeintlich negative Seiten der Hochbegabung leichter akzeptieren.

Allein die Akzeptanz bewirkt manchmal schon eine Art Versöhnung mit den schwierigen Seiten der Hochbegabung und schmerzhaften Erfahrungen. Wenn man akzeptiert hat, dass man in gewissen Aspekten anders ist, fällt es gegebenenfalls leichter zu überlegen, wo die eigenen Begabungen und Potenziale sind. Derjenige muss sich nicht mehr über das „Warum“ oder „die Tatsache, dass es so ist“ den Kopf zerbrechen, sondern kann die Aufmerksamkeit auf ziel- und zukunftsgerichtete Gedanken lenken.

Wenn weiter (übertriebene) Selbstzweifel bestehen, ist ein weiterer Schritt, diese aktiv beiseitezuschieben und an sich zu glauben. Hierbei sollte der Hochbegabte – wie beim Perfektionsanspruch – realistische Maßstäbe an sich selbst ansetzen! Und wichtig, um an sich und sein Können oder seinen Weg zu glauben, ist auch, nicht immer auf Wertschätzung von anderen zu warten. Das weiß eigentlich jeder, ist aber doch nicht immer so leicht. Denn über Wertschätzung und Anerkennung freuen wir uns alle, und sie kann in richtigem Maße und von den richtigen Personen einen großen Motivationsschub auslösen. Aber Motivation aus dem eigenen Handeln und aus der Freude an der Sache zu ziehen – also die berühmte intrinsische Motivation – ist eine wertvolle Zutat zur Zufriedenheit mit sich und hilft letztendlich bei der Beseitigung von Selbstzweifeln. Natürlich lässt sich Motivation nicht immer nur aus sich heraus generieren. Ein bestärkendes, unterstützendes und kooperatives Umfeld ist ebenso wichtig. Gerade für Hochbegabte ist es unabdingbar, die richtige Passung zu finden. Zum einen mit dem, was sie machen, und zum anderen mit der Integration als

Hochbegabter in das soziale Umfeld. Gerade soziale Integration führt zuweilen über einen mühsamen Weg, da es für Hochbegabte unter Umständen schwer ist, Gleichgesinnte zu finden. Manche Hochbegabte finden sie unter anderen Hochbegabten wie zum Beispiel in Hochbegabten-Vereinen, andere ganz automatisch in ihrem vertrauten Umfeld. Hierzu später mehr im Kapitel „Im Kontakt mit anderen".

Um Selbstzweifel zu minimieren, sind wohlwollende und ermutigende Menschen im nahen Umfeld unerlässlich. Nach ihnen zu suchen und diese Beziehungen zu pflegen, lohnt sich. Gerade für hochbegabte Erwachsene, die schon oft erfahren oder widergespiegelt bekommen haben, dass sie doch irgendwie anders oder wohlmöglich komisch seien. Wenn sie wiederkehrend die Erfahrung machen, in einem sozialen Umfeld zu sein, dass sie so akzeptiert und vor allem wertschätzt, wie sie sind, und gerade die Besonderheiten anerkennt und würdigt, werden sich Selbstzweifel minimieren. Und besonders wichtig: Selbstvertrauen wird hinzugewonnen. Dies ist vor allem sinnvoll, da Hochbegabte, die an Selbstzweifeln leiden, nicht selten den Weg über die Anpassung suchen. Jedoch führt der Weg zu mehr Selbstvertrauen in der Regel nicht über eine Anpassung an die Norm. Anpassung an die vermeintliche Norm bedeutet Energieverlust, Selbstverleugnung und führt meistens nicht zu dem gewünschten Ergebnis. Und durch Anpassung erfolgt meist keine wirkliche Potenzialentfaltung und langfristige Zufriedenheit. Durch Vertrauen in sich und seine Fähigkeiten, ehrliche Wertschätzung und Akzeptanz der eigenen Person – durch sich selbst und andere – hingegen schon. Natürlich ist dies viel leichter gesagt bzw. geschrieben, als in der Realität umgesetzt. Alles geht nur Schritt für Schritt und oft auch nur in sehr kleinen Schritten. Da muss viel Geduld aufgebracht werden, was nicht unbedingt die Stärke und Lieblingsbeschäftigung hochbegabter Erwachsener ist.

2.3.3 Selbstvertrauen

Was das Thema Selbstvertrauen betrifft, gibt es bei hochbegabten Erwachsenen häufig zwei Aspekte. Zum einen haben viele Hochbegabte von sich aus und durch ihre im günstigsten Fall zahlreichen positiven Erfahrungen ein eher gutes Selbstvertrauen. In vielen Bereichen haben sie ein großes Vertrauen in ihre eigenen Fähigkeiten, sind selbstbewusst und haben relativ wenige Ängste.

Zum anderen besitzen einige Hochbegabte aufgrund des beschriebenen Gefühls des Andersseins und der Selbstzweifel ein eher geringes Selbstvertrauen.

Dies kann sich aber im Laufe der Zeit deutlich ändern, und so erleben viele hochbegabte Erwachsene häufig durch das Herausfinden und Akzeptieren ihrer Hochbegabung einen regelrechten Selbstvertrauensschub. Nicht selten geht diesem eine Phase der Trauer über die Vergangenheit und damit verbundenen verpassten Chancen voraus. Denn oft ändert sich einiges, nachdem hochbegabte Erwachsene von ihrer eigenen Hochbegabung erfahren haben. Zahlreiche Erfahrungen und Ereignisse werden in einem anderen Licht betrachtet, und das kann sehr schmerzhaft sein. Wenn diese Trauer- und Aufarbeitungsphase jedoch überstanden ist, gehen die meisten (oft spät erkannten) hochbegabten Erwachsenen gestärkt in die Zukunft und mit einem deutlichen Zuwachs an Selbstvertrauen und Selbstbewusstsein.

> *„Das Wissen um meine Hochbegabung hat mir den Mut gegeben, neue Wege zu gehen und mir selbst zu vertrauen. Ich habe mein berufliches Leben komplett infrage und schließlich auf den Kopf gestellt. Und jetzt bin ich glücklich damit." (Monika, 35)*

> *„Vor drei Jahren begann ich, mir meinen Wunschtraum zu erfüllen, was ich mir wohl ohne mein Wissen über meine Hochbegabung nicht zugetraut hätte. Jetzt bin ich erstaunt darüber, was ich schon alles geschafft habe." (Petra, 44)*

> *„Das Wissen um die eigene Hochbegabung hat mir zum ersten Mal im Leben die nötige Souveränität gegeben, mich über die geltende Meinung hinwegzusetzen und meinen eigenen Weg zu gehen. Der dabei erzielte Erfolg bestärkt mich darin, das auch in Zukunft zu tun. Dies kann ich nur allen anderen Hochbegabten empfehlen, insbesondere auch denen, die erst kürzlich und in fortgeschrittenem Alter von ihren besonderen Talenten erfahren haben." (Andreas, 54)*

> *„Seit der Erkenntnis traue ich mir mehr zu. Schade, hätte ich früher von meiner Hochbegabung erfahren, hätte ich mir sicher früher schon mehr zugetraut." (Bernd, 46)*

„Durch mein Hochbegabungs-Wissen fühle ich mich in vielen Situationen sicherer und bin auch insgesamt selbstsicherer geworden." (Nick, 24)

„Ich bin mir nun bewusst, ich bin nicht dümmer als die anderen, sondern das Gegenteil ist für meine schrägen Fragen und mein Andersdenken verantwortlich." (Petra, 44)

„Seit ich es weiß, geht es mir besser. Allein das Wissen darum ermöglicht mir überhaupt einen Umgang. Ich weiß nun, dass ich nicht blöd bin und mich die anderen deswegen nicht verstehen." (Erika, 34)

Die Erkenntnis, dass man hochbegabt ist und Probleme unterschiedlicher Art eher aus einem Zuviel an Intelligenz als einem Zuwenig resultieren, ist für viele hochbegabte Erwachsene sehr entlastend. So können auch eigene Fähigkeiten und Schwächen besser einsortiert und eingeschätzt werden. Den eigenen Fähigkeiten und dem eigenen Können wird mehr vertraut, und es wird weniger infrage gestellt. Das Vertrauen, durch die Hochbegabung Dinge und Probleme aller Art zu meistern, steigt, so dass sich die Person auch insgesamt mehr zutraut. Oft wird gleichzeitig weniger auf die Meinung anderer gegeben als früher und mehr der eigene Weg verfolgt. Dieses Sein-eigenes-Ding-Machen und Auf-sich-selbst-Hören ist häufig sehr befreiend für die betreffende Person und fühlt sich gut und richtig an. Das wiederum spornt an, auch zukünftig auf sich und seine Besonderheiten zu gucken und dementsprechend zu agieren. So kann durch das Wissen um die eigene Hochbegabung eine positive Spirale zu mehr Selbstvertrauen und Selbstsicherheit in Gang gesetzt werden.

Wer versteht, wie er ist und warum manche Dinge so laufen, wie sie laufen oder in der Vergangenheit gelaufen sind, ist meistens nicht nur mit sich zufriedener, sondern auch im Umgang mit anderen entspannter. So berichten viele hochbegabte Erwachsene, dass die Erkenntnis, dass sie hochbegabt sind, sie auch viel großzügiger mit sich und anderen sein lässt. Es wurden Wissenslücken geschlossen und dadurch negativen Einstellungen und Ideen – basierend auf Sorgen und Befürchtungen – die Basis entzogen. Gerade in schwierigen Situationen sind sie sich selber gegenüber nachsichtiger oder weniger kritisch und streng. Hochbegabung wird nun oft anders, positiver bewertet und von vielen auch als Geschenk betrachtet, wo vorher das Gefühl „mit mir stimmt was nicht“ vorherrschte. Es wird regelrecht Freude am Anderssein empfunden.

Diese positive Einstellung zu sich wirkt sich natürlich auch auf den Umgang mit anderen Menschen aus. Viele Hochbegabte wollen jetzt gar nicht mehr so sein wie die anderen und ruhen dadurch viel mehr in sich. Gerade diese Zufriedenheit mit sich selbst bewirkt, dass sie im Kontakt mit anderen unbefangener und freier sind, besser auf andere zugehen können und weniger schüchtern sind. Andere können sich jetzt gerade besser an andere anpassen und kommen in sozialen Situationen besser klar, weil sie ihren Platz kennen.

Viele Hochbegabte haben sich in meiner Befragung zum Thema Selbstvertrauen geäußert. Diese Aussagen lassen sich als Rat, den sie anderen Hochbegabten hierzu geben würden, wie folgt zusammenfassen: „Akzeptiere deine Hochbegabung! Versuche, sie nicht zu verstecken, sondern dich darüber zu freuen und einen selbstbewussten Umgang damit zu finden. Sei tolerant anderen gegenüber und akzeptiere sie auch so, wie sie sind, so wie du es dir von anderen wünschst!“

Selbstvertrauen entwickelt sich also vor allem aus der Akzeptanz der eigenen Persönlichkeit und der Selbsterkenntnis. Das Wissen um die eigene Hochbegabung trägt hierzu in einem großen Maße bei.

2.3.4 Hohe Sensibilität und Wahrnehmung

„Stark vereinfacht gesagt bedeutet Hochbegabung *mehr von allem*: mehr denken, mehr fühlen und mehr wahrnehmen“, schreibt die Psychologin Andrea Brackmann in ihrem vielbeachteten Buch „Ganz normal hochbegabt“[12]. Vielen hochbegabten Erwachsenen scheint es so zu gehen. Sie berichten davon, dass sich ihre Hochbegabung für sie gerade an einer hohen Sensibilität und ihrer besonderen Wahrnehmung bemerkbar macht.

> *„Ich nehme Stimmungen im Raum deutlicher wahr als einige andere, ziehe mich aber auch bei zu vielen feindseligen Stimmungen zurück.“ (Christine, 47)*

12 Brackmann, 2008a, S. 19

„Meine Hochbegabung macht sich im Alltag durch Lärm-/Licht-/ Wärme-/Kälteempfindlichkeit und Wahrnehmung von Stimmungen deutlich." (Linda, 38)

„Hochsensibilität. Schneller denken ist der kleinste Teil meiner Hochbegabung. Die hohe Sensibilität hat wesentlich gravierendere Auswirkungen." (Dirk, 50)

„Ich bin fähig, Leute zu ‚lesen'. Egal welche Masken sie tragen und wie fest diese sitzen, wenn mich der Mensch interessiert und ich ihm in die Augen blicke, nehme ich wahr, wie es ihm wirklich geht." (Mathias, 46)

„Ich habe eine extrem ausgeprägte Fähigkeit, mich in andere hineinzuversetzen." (Andreas, 47)

„Ich habe eine sehr differenzierte Wahrnehmung und nehme viele (unwichtige) Details war." (Marie, 25)

Manche Hochbegabte sehen in dieser hohen Sensibilität allerdings auch eine zweite Eigenschaft, die zu ihrer Hochbegabung dazu kommt.

„Ich vermute bei mir (leider) auch eine Hochsensibilität, die mir manchmal sehr zu schaffen macht." (Melanie, 34)

„Ich denke, es ist einfach so, dass ich die Umwelt anders, vermutlich detailreicher wahrnehme. Es liegt bei mir eine Kopplung mit Hochsensibilität vor." (Judith, 29)

Ob eine besondere Art der Wahrnehmung und eine hohe Sensibilität mit der Hochbegabung zusammengehören oder eine eigene zusätzliche Eigenschaft sind, ist momentan wissenschaftlich noch nicht geklärt.

Überlegungen hierzu gibt es schon länger. So prägte der polnische Psychologe und Psychiater Kasimierz Dabrowski bereits 1964 den Begriff „Overexcitability". Er bezeichnet eine besonders hohe Aufnahmefähigkeit und Sensibilität in fünf Bereichen (psychomotorisch, sensorisch, intellektuell, imaginational und emotional). Hiermit ist eine gesteigerte Reaktion auf Reize als Folge einer höheren Erregbarkeit des zentralen Nervensystems gemeint. Preckel und Vock schreiben in ihrem Buch „Hochbegabung“ allerdings dazu: „Hochbegabung nach Dabrowski ist durch hohe Ausprägungen in allen fünf Bereichen der Overexcitability gekennzeichnet. In den bisher dazu vorliegenden Studien mit intellektuell Hochbegabten war dies jedoch so gut wie nie der Fall. ... Overexcitability und intellektuelle Hochbegabung scheinen in keinem systematischen Zusammenhang zu stehen.“[13] Jedoch ist zu bedenken, dass es sich bei dem Konstrukt der Overexcitability ja um fünf Bereiche und nicht nur um hohe Sensibilität und Empfindsamkeit handelt.

Die Meinungen, inwieweit Hochsensibilität[14] ein Teil von Hochbegabung ist, gehen momentan also noch recht weit auseinander. Für einige Autoren und Personen sind es fast synonym verwendete Begriffe oder zumindest zwei Seiten ein und derselben Sache, für andere zwei verschiedene Dinge, die zusammentreffen können, aber längst nicht müssen. Wie genau Hochbegabung und Hochsensibilität zusammenhängen, muss demzufolge noch erforscht werden.

Nichtsdestotrotz bemerken viele Hochbegabte bei sich auch eine Hochsensibilität und hohe Empfindsamkeit. Was wird nun hierunter verstanden? Der Begriff Hochsensibilität geht auf die amerikanische Psychologin Elaine N. Aron zurück. Sie geht davon aus, dass Hochsensibilität eine vererbte Eigenschaft ist und ca. 15–20%[15] der Bevölkerung hochsensibel sind. Dieser Prozentsatz sensibler Individuen kann laut Aron ebenso bei allen höheren Tierarten angetroffen werden. Bei Hochsensibilität handelt es sich um eine Besonderheit in der Reizverarbeitung. Hochsensible Personen haben ein besonders empfindliches Nervensystem. Dadurch nehmen sie mehr und intensiver wahr als andere Menschen. Sie haben also eine differenziertere Wahrnehmung und verarbeiten Eindrücke tiefer und ausführlicher. Hierbei kann es sich sowohl um äußere Reize wie zum Beispiel Geräusche, Gerüche oder Berührungen als auch um innere Empfindungen wie Erinnerungen,

---

13 Preckel & Vock, 2013, S. 91f.

14 Neben dem Begriff Hochsensibilität bestehen weitere Begriffe wie zum Beispiel Hochsensitivität oder Hypersensibilität. Diese werden zum Teil synonym zu Hochsensibilität verwendet. Teilweise wird unter Hochsensibilität auch eine Sensibilität verstanden, die fünf Sinne umfasst, und unter Hochsensitivität eine, die zudem einen sechsten und siebten Sinn mit einschließt. Ich verwende den Begriff Hochsensibilität, da dieser der gebräuchlichste ist und von der Wissenschaft verwendet wird.

15 Die meisten Autoren sprechen von 15–20% hochsensibler Personen, jedoch gibt es auch andere Meinungen. Einige gehen eher von 10%, andere von 1–3%, wieder andere von 20-35% aus.

Gedanken, Stimmungen oder Gefühle anderer handeln. Die Bandbreite, wie sich Hochsensibilität äußern kann, ist sehr groß. Als Ursache für Hochsensibilität werden mehrere Möglichkeiten diskutiert. Eine Überlegung ist, dass Reize bei hochsensiblen Personen weniger gedämpft oder gefiltert werden und so mehr Reize wahrgenommen werden, die verarbeitet werden wollen. Eine andere Ursache könnte sein, dass das Nervensystem Hochsensibler mehr Reize als bedeutsam einstuft und so mehr Reize davon im Bewusstsein landen.

Zur Diagnostik von Hochsensibilität gibt es derzeit keine wissenschaftlich anerkannten und geprüften Instrumente. Bislang gibt es lediglich Fragebögen, die auf der Selbsteinschätzung der Betroffenen basieren. Vielleicht ist es im täglichen Leben aber auch nicht entscheidend, ob eine Person ein „diagnostizierter" Hochsensibler ist oder nicht. Wenn der Betroffene sich mit seiner Persönlichkeit dort wiederfinden kann, kann das Wissen um die eigene hohe Sensibilität wertvolle Erklärungen liefern und zum eigenen Verständnis sowie zum leichteren Umgang damit beitragen. Und damit ist für denjenigen oft bereits viel erreicht.

Sicher ist, dass eine hohe Sensibilität im Alltag viele Facetten hat und das Leben damit nicht immer leicht ist. Viele hochsensible Personen leiden unter zu vielen Eindrücken. So können ein Abend mit Freunden in einer Bar, ein Besuch im Freizeitpark oder andere „spannende" Freizeitaktivitäten zu viel sein. Aber auch Alltagssituationen wie ein Einkauf im vollen Supermarkt, Menschenmengen an Bahnhöfen oder das Mittagessen in der gut gefüllten Kantine mit Kollegen kann zur Belastungsprobe für denjenigen werden. Hochsensible Personen brauchen danach mehr Ruhe und Zeit für sich als andere, um alle Eindrücke zu verarbeiten. Dies kann bei ihnen und anderen den Eindruck erwecken, irgendwie anders und nicht so belastbar wie andere zu sein.

Das Gefühl, „anders" als die anderen zu sein, kann Hochsensible sehr verunsichern, und viele leiden darunter. Denn die anderen erscheinen mitunter viel geselliger, kontaktfreudiger, selbstbewusster, gelassener und robuster. Dabei sind viele Hochsensible durchaus belastbar, wenn man bedenkt, welchen Reizen sie jeden Tag ausgesetzt sind und was sie alles meistern. Das sehen die Betroffenen jedoch vielfach anders und orientieren sich – wie Hochbegabte – am Idealbild der anderen. Für das eigene Selbstverständnis und den selbstbewussten Umgang mit Hochsensibilität ist es hilfreich zu verstehen, was Hochsensibilität ist und was eben nicht. Denn Hochsensibilität ist keine Krankheit, Störung oder Charakterschwäche. Hochsensibilität ist eines von vielen Persönlichkeitsmerkmalen, das Schwierigkeiten bereiten kann, genauso wie Freude und schöne Erlebnisse. Wer viel wahrnimmt, nimmt auch die schönen Dinge des Lebens intensiv wahr und kann sich daran sehr erfreuen. Hochbegabte, die eine hohe Sensibilität besitzen, versuchen damit auf unterschiedliche Art umzugehen. Viele suchen sich zwischendurch immer wieder ein ruhiges Umfeld und eine reizarme Umgebung, um zu sich zu kommen – sei es gezielt nach anstrengenden Unternehmungen und besonderen Ereignissen oder um im trubeligen Alltag zur Ruhe zu kommen.

> *„Ganz wichtig ist für mich die Möglichkeit, im Alltag auch mal allein zu sein und zur Ruhe zu finden, um zu lesen oder Klavier zu spielen. Wird mir das über lange Zeit verwehrt, erleide ich Nervenzusammenbrüche." (Claudia, 44)*

> *„Mir hilft eine klar strukturierte und aufgeräumte Umgebung. Dann bin ich auch innerlich ruhiger und ‚aufgeräumter'." (Mathias, 51)*

> *„Privat liebe ich die Zurückgezogenheit, um in Ruhe denken, lesen und schreiben zu können." (Maria, 65)*

> *„Oft verbringe ich den Sonntag einfach nur auf dem Sofa." (Pia, 25)*

Andere versuchen, genau darauf zu achten, was ihnen in welchem Moment guttut und was nicht, und dementsprechend zu handeln.

> *„Situationen, die für mich eine zu große, unnötige Belastung bedeuten, vermeide ich, ohne ein schlechtes Gewissen zu haben." (Caroline, 41)*

> *„Ich versuche ganz viel, Situationen, die von vorne herein Stress bedeuten, zu umgehen." (Marion, 48)*

> *„Ich gucke jetzt mehr auf mich. Was will ich eigentlich? Was tut mir gut? Stressreiche Situationen versuche ich zum Beispiel re-*

gelrecht zu meiden, und damit geht's mir eigentlich ganz gut." (Paul, 38)

Jeder – ob hochsensibel und/oder hochbegabt – sollte natürlich seine Bedürfnisse ernst nehmen und achtsam mit sich und seinen Empfindungen umgehen. Wer Sensibilität auch als etwas Positives versteht, kann beginnen, sich an dieser zu erfreuen und sie zu nutzen. Natürlich ist das nicht einfach. Denn wer ständig damit beschäftigt ist, sich vor zu vielen Reizen zu schützen oder sich anzupassen, kann sein volles Potenzial meist nicht ausschöpfen. Andrea Schwiebert äußert in ihrem Buch „Kluge Köpfe, krumme Wege?"[16] hierzu bei Hochbegabten, die auch hochsensibel sind, den interessanten Gedanken, dass sich Hochbegabung und Hochsensibilität gegenseitig verdecken können. Wenn Hochbegabung nicht in Hochleistung umgesetzt wird, sondern die Begabung zum Meistern des täglichen Lebens genutzt wird, dann ist die Hochbegabung nicht sichtbar. Oder wenn Hochbegabung dazu eingesetzt wird, „trotz einer hohen Sensibilität und einer Überflutung mit Reizen ‚normal' zu funktionieren, kann dadurch die Hochsensibilität für andere Menschen weniger offensichtlich werden"[17].

Sicherlich ist Hochbegabung und Hochsensibilität zusammen eine besondere Herausforderung und zuweilen „doppelt schwer". Ob dies alle Hochbegabten betrifft, ist, wie bereits erwähnt, noch herauszufinden.

Anregungen für den Weg von Selbstkritik und Selbstzweifeln hin zu mehr Selbstvertrauen und Einklang mit der eigenen Sensibilität in Kürze:

- Eigenes Wertesystem und eigene Motive überprüfen
- Erfolgsstatistik anlegen
- Misserfolge und Fehler akzeptieren, sie als Chance für zukünftige Aktivitäten verstehen
- Mittelmäßige (oder sogar mal schlechte) Leistung bedeutet NICHT Gesichtsverlust
- Vorher Prioritäten setzen, welche Ziele sollen erreicht werden und wann ist Schluss

16 vgl.: Schwiebert, 2015, S. 59
17 ebd., S. 60

- Wenn sinnvoll: 80-20-Regel anwenden
- Manchmal „einfach“ machen, nicht lange über optimale Vorgehensweise nachdenken
- Lob und Anerkennung annehmen
- Anderssein umdeuten (NICHT: anders = schlecht)
- Umdeuten von vergangenen Situationen
- Informationen über Hochbegabung sammeln und Klischees beiseitelegen
- Hochbegabung anerkennen, positive Seite sehen sowie Vorteile und Nutzen der „negativen“ Seite
- Aktiv Selbstzweifel beiseiteschieben, an sich glauben
- Motivation aus eigenem Handeln ziehen, nicht (immer) auf Anerkennung von außen warten
- Unterstützendes und kooperierendes Umfeld mit wohlwollenden und ermutigenden Menschen suchen
- Versuchen, sich selbst zu verstehen und eigene Persönlichkeit zu akzeptieren
- Auf sich gucken, nicht am Idealbild der anderen orientieren
- Bedürfnisse ernst nehmen, achtsam mit eigenen Empfindungen umgehen
- Sensibilität als etwas Positives verstehen

2.4 Weitere Merkmale und vielfältige Begabungen

Neben den gerade beschriebenen Merkmalen gibt es noch viele, an denen Hochbegabte ihre Hochbegabung festmachen. Zuweilen sind diese individuell sehr verschieden, manchmal sind es aber immer wiederkehrende oder sehr ähnliche Eigenschaften, die auffallen. Einige dieser „typischen“ Eigenschaften und auch die Bandbreite der individuellen Begabungen werden im Folgenden aufgeführt.

2.4.1 Andere „typische" Eigenschaften

In welchen Eigenschaften können sich hochbegabte Erwachsene noch wiederfinden?

Eine Vielzahl von hochbegabten Erwachsenen berichtet, dass sie einen **hohen Gerechtigkeitssinn** hat. Dieser ist bereits im Kindesalter sehr ausgeprägt und kann sich schon in jungen Jahren an Kleinigkeiten zeigen, beispielsweise indem die Kinder ihre Spielsachen, Kekse oder Ähnliches teilen möchten oder auf eine gerechte Behandlung im Kindergarten achten. Das große Gerechtigkeitsempfinden hat auch zur Folge, dass hochbegabte Kinder Ungerechtigkeiten häufig nur schwer aushalten können und versuchen, diese auszugleichen. Sie nehmen oft großen Anteil am Leid anderer Personen und machen sich schon früh Gedanken über Themen wie Weltfrieden, Umwelt- oder Tierschutz.

Ein **ausgeprägter Gerechtigkeitssinn, Probleme mit Ungerechtigkeit und bestimmte moralische Wertvorstellungen** begleiten auch viele hochbegabte Erwachsene in ihrem täglichen Leben. Wie sie damit umgehen, ist unterschiedlich. Manche versuchen, Ungerechtigkeiten eher auszuweichen, um sie „nicht ertragen" zu müssen, und gucken zum Beispiel keine Nachrichten oder kritische Dokumentationen. Andere engagieren sich bewusst im Privaten oder Beruflichen bei Themen, die ihnen ungerecht erscheinen oder wo sie für Gerechtigkeit sorgen möchten. Nicht wenige Hochbegabte sind auch Vegetarier oder Veganer und versuchen so, bestimmte Wert- und Moralvorstellungen für sich im Alltag umzusetzen.

Ein weiteres Merkmal ihrer Hochbegabung stellt für viele hochbegabte Erwachsene ihr **Sinn für Humor** dar. Viele sagen, sie hätten einen besonders feinen oder anderen Sinn für Humor. Sie würden eher an anderen Stellen lachen als andere oder andere Dinge als witzig empfinden, so dass ihr Sinn für Humor sich scheinbar von dem anderer Personen unterscheidet. Und auch die Rückmeldung von anderen ist zum Teil, dass sie einen seltsamen Humor hätten.

Ein anderer Bereich, in dem sich für viele hochbegabte Erwachsene ihre Hochbegabung zeigt, ist das Thema **Organisation, Ordnung und Struktur**. Viele berichten, dass sie ihre Hochbegabung unter anderem daran festmachen würden, besonders strukturiert zu sein und gut Ordnung schaffen zu können. Einige beschreiben sich als Organisationstalente oder besonders begabt in Multitasking und Überblickbehalten. Andere sagen, sie wären besonders gut in pragmatischem und lösungsorientiertem Handeln. Allerdings scheint das Thema Ordnung und Struktur bei Weitem nicht allen hochbegabten Erwachsenen zu liegen. Denn mehrere Hochbegabte haben hier Schwierigkeiten und sagen, dass sich gerade daran die Hochbegabung bemerkbar macht. Ihnen fällt es schwer, praktisch und lösungsorientiert zu denken und zu handeln oder einen Realitätsbezug herzustellen. Chaos ist ihr ständiger Begleiter und Struktur in Dinge zu bekommen eine große Herausforderung. Viele finden sich in ihrer eigenen Ordnung durchaus zurecht, aber für andere ist dies zuweilen schwierig, und auch für einfache Dinge des täglichen Lebens wünschen sie sich oft, strukturierter zu agieren.

Zum Thema „Hierarchie und Vorgesetzte“ kommen wir später im Berufsleben noch, aber auch im privaten Bereich tun sich einige Hochbegabte mit **Regeln und Autoritäten** schwer. Vor allem, wenn ihnen Regeln oder Bestimmungen als wenig sinnvoll oder wohlmöglich falsch erscheinen. Das hohe Gerechtigkeitsempfinden reagiert dann bei manchen Hochbegabten auf unstimmige Regeln mit Rebellion. Auch der wache Geist Hochbegabter, der sich seine eigene Meinung bildet und nur schwer an der Nase herumzuführen ist, wehrt sich gegen „unsinnige“ Gesetze, Regeln oder Autoritäten. Das muss sich nicht gleich im völligen Boykott oder gar straffälligem Verhalten zeigen, aber manch einer sagt eben deutlich, was er von dieser oder jener Regel oder Autoritätsperson hält und richtet sich eventuell nicht 100%ig danach.

Einige Hochbegabte haben im Vergleich zu anderen Personen das Gefühl, **vernünftiger, selbstständiger** oder irgendwie **weiser** zu sein als andere. Sie rennen weniger unüberlegt in unbekannte Situationen, handeln eher durchdacht und wirken zum Teil erfahrener als andere. Jedoch kann dadurch manch Hochbegabtem auch eine gewisse Leichtigkeit im Leben fehlen. Das viele Denken – vorausschauend und weitreichend – hemmt zuweilen ein Stück Unbeschwertheit und Spontanität. Diese Eigenschaften vermissen einige hochbegabte Erwachsene an sich. Dies geht naturgemäß nicht allen so. Gerade Hochbegabte, die ein sehr großes Verlangen nach Herausforderungen und Horizonterweiterungen haben, durchdenken neue Vorhaben nicht immer bis ins kleinste Detail. Denn gerade das macht für sie den Reiz des Neuen aus.

Natürlich gibt es zahlreiche weitere Merkmale und Eigenschaften, die hochbegabte Erwachsene an sich beobachten und mit ihrer Hochbegabung in Verbindung bringen. Viele treten vor allem im Kontakt mit anderen Personen und/oder vermehrt im beruflichen Alltag auf und werden daher im Kapitel 3 „Im Kontakt mit anderen“ näher beschrieben.

2.4.2 Individuelle Talente

Wenn Hochbegabte danach gefragt werden, woran sie persönlich ihre Hochbegabung festmachen würden, berichten viele von besonderen Talenten, die sie haben. Manche dieser Begabungen werden oft in der öffentlichen Darstellung von Hochbegabten als Zeichen von Hochbegabung gesehen. So gibt es zum Beispiel viele hochbegabte Erwachsene, die eine Affinität zu Mathematik sowie eine gute Zahlenmerkfähigkeit haben und gut Kopfrechnen können. Gleichwohl müssen sie keine Mathegenies oder Kopfrechenweltmeister sein wie viele gleich denken – auch wenn es die natürlich unter Hochbegabten gibt.

Generell gibt es zahlreiche Hochbegabte, die großes Interesse und auch große Begabungen im (natur-)wissenschaftlichen Bereich oder in den Bereichen Informatik und Technik haben. Andere wiederum sprechen davon, dass sie besondere sprachliche Begabungen haben. Diese zeigen sich häufig, indem sie leicht Fremdsprachen lernen und mehrere Sprachen sprechen können. Auch werden vielfach besondere Talente im musischen Bereich erwähnt wie eine generell hohe Musikalität oder das leichte und schnelle Erlernen von verschiedenen Instrumenten.

Andere Hochbegabte sagen, dass sie im Allgemeinen sehr fantasievoll und kreativ sind und sich so ihre hohe Begabung zeigt. Manche nennen besondere Talente im kreativen Bereich, gutes räumliches Verständnis oder handwerkliche Begabungen.

Die individuellen Talente Hochbegabter können sehr verschieden sein und sicher gibt es noch unendlich viel mehr als die gerade beschriebenen. Manche Hochbegabte verfügen wirklich über große Talente in einem oder teilweise sogar mehreren Bereichen, was sehr bemerkenswert sein kann, und gleichzeitig besitzt auch nicht jeder Hochbegabte eine ausgeprägte oder herausragende individuelle Begabung. Viele sind eher vielseitig begabt. Sie können sich rasch und gut in sehr unterschiedliche Bereiche einarbeiten und erwecken so den Eindruck, als könnten sie irgendwie alles.

3 Im Kontakt mit anderen – Wie geht's möglichst reibungslos?

Nachdem im vorangegangenen Kapitel der Fokus auf dem Innenleben und dessen charakteristischen Merkmalen von Hochbegabten lag, geht es jetzt um den Kontakt mit außen. Denn dieser kann sich für Hochbegabte durchaus schwierig gestalten. Die Gründe hierfür sind vielfältig.

Viele Menschen scheinen weiterhin von Hochbegabten geradezu zu erwarten, dass sie in ihrem Sozialverhalten anders, irgendwie schwierig und auffällig sind. Das weit verbreitete Vorurteil, wer kognitiv stark ist, muss soziale und emotionale Defizite aufweisen, hält sich hartnäckig. Und so werden Hochbegabte dementsprechend kritisch begutachtet. Das kann verunsichern, und im ungünstigsten Fall ergibt sich daraus eine selbsterfüllende Prophezeiung. Am Ende verhält sich der Hochbegabte tatsächlich so wie man es von ihm „erwartet". Denn auch das ist eine Strategie, mit Vorurteilen umzugehen. Natürlich gibt es Hochbegabte, die irgendwie komisch oder anders wirken, Probleme in sozialen Situationen haben und ein auffälliges Verhalten zeigen. Auch hier sind die Ursachen sehr vielfältig und müssen nicht in der Hochbegabung begründet sein. Denn wie viele durchschnittlich begabte Personen gibt es gleichzeitig, die sich sozial unangepasst verhalten, problematisch sind und irgendwie seltsam!?

Solche Stereotype von Hochbegabten bringen uns also eigentlich nicht weiter. Und wie wollen wir darüber urteilen, wie sich Hochbegabte verhalten, wenn wir vom Großteil der Hochbegabten gar nicht wissen, dass sie hochbegabt sind – und sei es, weil sie es selber nicht wissen oder nicht öffentlich sagen. Diese Hochbegabten, die sich größtenteils „ganz normal", unauffällig und angepasst verhalten, werden nicht gesehen, und ihr Verhalten wird gar nicht mitgezählt. Wie Hochbegabte also wirklich in der Kommunikation und im Zusammensein mit anderen – sowohl Hochbegabten als auch Nicht-Hochbegabten – sind, kann am besten herausgefunden werden, wenn sie selber gefragt werden oder diejenigen in ihrem nahen Umfeld, die wissen, dass sie hochbegabt sind. Wie erleben hochbegabte Erwachsene sich selber in verschiedenen sozialen Interaktionen? Welches sind für sie die tatsächlichen Herausforderungen? Wie können diese durch den Hochbegabten selber oder die anderen verringert oder umschifft werden? Das sind Fragen, denen in diesem Kapitel nachgegangen wird.

3.1 Sollen andere von der Hochbegabung wissen?

Wie des Öfteren erwähnt, gibt es verschiedene, äußerst hartnäckige Klischees von Hochbegabten. Zum einen sind da die Hochbegabten, die kognitiv vielleicht recht stark sein mögen, aber zwischenmenschlich völlige Versager sind. Die Typen, die komplizierteste Dinge im Kopf rechnen können, aber im Eins-zu-eins-Kontakt keinen vernünftigen Satz herausbringen. Die, die schon als Kind sozial wenig kompatibel waren und jetzt im Erwachsenenalter immer noch unangenehm auffallen, besserwisserisch und merkwürdig sind. Zum anderen sind da angeblich die Hochbegabten, die in allem super sind, alles besser können, erfolgreich und beliebt sind. Auf der einen Seite werden sie bewundert, und es wird vielleicht Kontakt zu ihnen gesucht, auf der anderen Seite werden sie durchaus neidvoll begutachtet und eher gemieden. Denn die Gefahr, dass sich jemand in ihrer Gegenwart per se schlechter und kleiner fühlen kann, ist nun mal da. Das möchte man ungern, und deswegen möchte man mit ihnen lieber nichts zu tun haben. Wenn sich solche Vorurteile so stark halten, werden sich viele Hochbegabte fragen, ob sie wirklich öffentlich sagen sollen, dass sie hochbegabt sind.

Diese Frage ist wohl die meistdiskutierte unter Hochbegabten. Denn die Antwort darauf kann weitreichende Konsequenzen haben. Jeder, den dies betrifft, wird sich hierzu seine eigene Meinung bilden und sich überlegen, inwieweit und vor allem wem er von seiner Hochbegabung erzählt. Und auch die Eltern von hochbegabten Kindern müssen entscheiden, wer davon erfahren soll. In diesem Fall ist es zudem so, dass sie sich überlegen müssen, ob das hochbegabte Kind selbst es wissen soll oder momentan (noch) nicht. Hochbegabte Erwachsene müssen da erst mal „nur“ für sich selber entscheiden, aber auch das ist schwer genug. Denn die Folgen sind im Vorfeld nicht abzuschätzen und können anders ausfallen als erwartet.

Die Ursache für die Schwierigkeiten bei den Entscheidungen „Sag ich's? Sag ich's nicht? Wenn doch, wem sag ich's? Und wie sag ich's? ...“ liegt vor allem beim Thema Hochbegabung selbst. Neben den weit verbreiteten Klischees hierzu wissen eben die meisten Personen gar nicht, was Hochbegabung heißt und im Alltag bedeutet.[18] Dieses Nicht-Wissen bietet sehr viel Raum für Fantasie und Kopfkino, der von anderen bekannten Vorurteilen

---

18 Die Tatsache, dass auch in der Wissenschaft keine einheitliche Definition zum Begriff Hochbegabung existiert, ist dem Ganzen ebenfalls nicht zuträglich.

oder anderen falschen Vorstellungen und Erwartungen gefüllt werden kann. So muss der Hochbegabte neben seinem eigentlichen Anliegen zu sagen „Ich bin hochbegabt“ oft noch Aufklärungsarbeit leisten und seinem Gegenüber erst mal nahe bringen, was das denn heißt und vor allem auch was nicht. Zuweilen kann dies in starkes Ankämpfen gegen unvorteilhafte oder falsche Vorstellungen über Hochbegabung und hochbegabte Personen ausarten und sehr anstrengend sein. Da sagt man vielleicht lieber nichts. Dann muss man auch nicht gegen irgendwelche Vorurteile ankämpfen oder denjenigen vom Gegenteil überzeugen.

In meiner Befragung wurde auf die Frage „Wie gehst Du mit Deiner Hochbegabung im Alltag um bzw. hast Du hierfür spezielle Umgangsstrategien entwickelt? Wenn ja, welche?“ sehr häufig etwas zum Umgang mit der Frage nach dem „Outing“ der eigenen Hochbegabung gesagt. Von den Personen, die sich hierzu äußerten, sagten nur ungefähr 17%, dass sie offen darüber erzählen.

> *„Ich kommuniziere offen über meine Hochbegabung, was es für mich in der Wahrnehmung bedeutet und dass es nichts Schlimmes ist ;-)“ (Petra, 37)*

> *„Ich stehe dazu, und andere können es ruhig wissen.“ (Martin, 57)*

> *„Ich gehe offensiv damit um, ob das eine spezielle Strategie darstellt, sei dahingestellt. Nicht jeder kommt damit klar, und vor allem die wenigsten können Hochbegabung wirklich einschätzen.“ (Till, 47)*

> *„Früher habe ich meine Hochbegabung verschwiegen und versteckt, weil ich ‚normal‘ sein wollte. Heute gehe ich damit offen um.“ (Marlene, 35)*

> *„Ich rede offen darüber, weil ich anderen helfen will. Außer ich will mich ‚lieb Kind‘ machen, dann tu ich, als ob ich nicht so intelligent bin.“ (Maria, 54)*

„Die Gewissheit über meine Hochbegabung empfinde ich als Befreiung und gehe nun offensiv damit um, informiere Freunde und Familie." (Mechtild, 66)

Der weitaus größere Teil geht mit seiner Hochbegabung nicht offen um – er erzählt niemandem oder nur wenigen davon. Über ein Drittel der Personen sagte, dass er seine Hochbegabung geheim hält und nicht darüber redet. Der Grund für diese Geheimhaltung ist meistens die Angst vor Ablehnung, Neid oder Anfeindung.

„Im Moment verschweigt man es besser, weil es offensichtlich als Bedrohung gesehen wird." (Rolf, 61)

„Niemals, niemals darüber sprechen." (Tanja, 41)

„Ich verheimliche es." (Doreen, 50)

„Ich halte es geheim, weil ich nicht will, dass man mich wegen der Hochbegabung stigmatisiert – oder mir mein Leben als Underachiever vorwirft." (Sarah, 24)

„Es ist schön, so wie es ist, und ich erzähle es einfach keinem, damit kein Neid entsteht." (Tom, 27)

„Ich verrate es niemandem – im bisher einzigen Fall schlug mir dafür an Hass und Mobbing grenzender Neid entgegen, deshalb tue ich es nicht mehr." (Gitta, 45)

Der größte Teil aller hochbegabten Erwachsenen wählt wahrscheinlich einen Weg zwischen Geheimhaltung und offenem Ansprechen der eigenen Hochbegabung. Sehr häufig wird nur sehr wenigen, engen Vertrauten davon erzählt. Meist wird eher vorsichtiger mit der Information umgegangen und genau abgewogen, wem und in welchem Umfang davon berichtet werden soll.

„Ich spreche nur mit guten Freunden darüber." (Jörg, 52)

„Erzähle niemandem davon außerhalb der Familie." (Linda, 33)

„Ich wäge eher ab, wem ich davon erzähle und wem nicht. Für die einen wirkt es wie Angeberei, andere wiederum nehmen es positiv auf." (Christopher, 35)

„Ich halte die Hochbegabung nicht geheim, sage aber auch nicht aktiv etwas darüber. Konkrete Nachfragen beantworte ich zurückhaltend, aber ehrlich." (Arno, 46)

„Den meisten Leuten erzähle ich davon auch gar nichts, weil sie dazu neigen, sich selbst dann kleiner zu machen." (Melissa, 31)

„Bei Menschen, die ich für intelligent genug halte, tausche ich mich auch zum Thema Intelligenz aus. Bei allen anderen würde dies als Angeberei gewertet, deshalb vermeide ich das Thema. Im Zweifelsfall schweige ich." (Nick, 29)

„Ich bin, wie ich bin, binde aber niemandem meine Hochbegabung auf die Nase." (Paul, 23)

Der meist eher defensive Umgang mit der eigenen Hochbegabung hat mehrere Ursachen. Für manche spielt die Hochbegabung im täglichen Leben keine große Rolle und warum sollten sie das dann anderen sagen? Bei einem Großteil der Hochbegabten liegt die Zurückhaltung wohl daran, dass sie einfach schon zu viele schlechte Erfahrungen damit gemacht haben, davon gehört haben oder diese befürchten. Und wahrscheinlich kann tatsächlich fast jeder Hochbegabte die eine oder andere Geschichte hierzu erzählen. Es müssen nicht immer die großen Anfeindungen sein, die erlebt wurden, auch kleine unterschwellig wahrgenommene Irritationen reichen schon, dass derjenige sich beim nächsten Mal eher zurückhält und so lieber seine Ruhe hat. Denn niemand möchte sich aufgrund seiner Intelligenz erklären müssen oder „schief angeguckt" oder im schlimmsten Fall angefeindet werden.

Am Ende muss jeder für sich entscheiden, ob es in der jeweiligen Situation oder dem Umfeld sinnvoll erscheint, von der Hochbegabung zu erzählen. Welchen Mehrwert verspreche ich mir davon? Welchen Vorteil kann es haben? Ist es auch in Ordnung, wenn es nicht positiv aufgenommen wird? Oder wenn ich missverstanden werde? Welche negativen Konsequenzen könnte es haben? Natürlich lässt sich im Vorfeld nie wirklich sagen, ob es so kommt, wie man es sich wünscht. Und neben kognitivem Abwägen ist auch das Bauchgefühl ein guter Ratgeber. Denn derjenige muss sich mit seiner Entscheidung wohlfühlen – gerade wenn die Reaktion anders und weniger positiv ausfällt als erwartet. Wenn derjenige da selber zu Beginn schon ein ungutes Gefühl hatte, ärgert er sich am Ende noch mehr darüber, sich „geoutet" zu haben.

Sicherlich ist es eigentlich verwunderlich und traurig, dass sich die meisten Hochbegabten überhaupt die Gedanken machen, ob und wenn ja wie sie ihre Hochbegabung öffentlich machen oder nicht. Das liegt leider noch daran, dass in Deutschland Informationen über Hochbegabung zu wenig verbreitet sind, dadurch ihre Akzeptanz nicht hoch genug und die Vorurteile zu hartnäckig sind.

Kommen wir noch mal zu den Vorurteilen vom Anfang dieses Kapitels zurück. Denn irgendwo haben Vorurteile ihren Ursprung. Sicher gibt es Hochbegabte, die genau diesen Klischees zu entsprechen scheinen. Es gibt auch die anstrengenden und sozial unangepassten Hochbegabten – wie es diese unter Nicht-Hochbegabten ebenfalls gibt. Und auch in der Wissenschaft wird der Frage nachgegangen, inwiefern intellektuell Hochbegabte sich neben der Intelligenz in Persönlichkeits- oder Verhaltensmerkmalen von durchschnittlich begabten Personen unterscheiden. Hierzu gibt es vor allem zwei gegenläufige Auffassungen, die als Disharmoniehypothese und Harmoniehypothese bezeichnet werden.

Nach der Ende des 19. und Anfang des 20. Jahrhunderts dominierenden Disharmoniehypothese[19] „geht eine außergewöhnliche Begabung einher mit auffälligen, nicht adaptiven Persönlichkeitsmerkmalen, also negativen psychischen und physischen Eigenschaften wie Mangel an sozialen Kompetenzen oder emotionaler Gestörtheit" [20]. Nach Preckel und Vock gibt es jedoch keine aussagekräftigen wissenschaftlichen Untersuchungen, die die Disharmoniehypothese stützen. Dennoch hält sie sich auch heute noch in abgeschwächter Form. Wie bereits der Name vermuten lässt, geht die Harmoniehypothese vom Gegenteil der Disharmoniehypothese aus. Sie besagt, dass außergewöhnliche Begabung positiv mit überdurchschnittlicher körperlicher und psychischer Gesundheit, positiven Charaktereigenschaften und hoher Soziabilität korreliert. Entstanden ist diese Hypothese aufgrund der sehr bekannten Längsschnittstudie von Terman, die 1921/1922[21] startete.

---

19 Die Disharmoniehypothese wird auch Divergenzhypothese genannt.
20 Preckel & Vock, 2013, S. 72
21 vgl.: Leslie, 2000

Natürlich beschäftigen sich auch aktuellere Studien mit der Frage nach der sozial-emotionalen Anpassung Hochbegabter. Vor allem die US-amerikanische National Association for Gifted Children veröffentlichte einen Überblick über Untersuchungen hierzu. Darin zeigte sich, „dass Hochbegabte nicht mehr soziale oder emotionale Probleme als nicht Hochbegabte haben, sondern mindestens vergleichbare bis tendenziell bessere sozial-emotionale Anpassung zeigen. ... Bestanden Probleme, so erwiesen sie sich als in der Regel durch ungünstige soziale Interaktionen verursacht und auf eher externalen als internalen Risikofaktoren basierend (z. B. fehlende Förderangebote, Stigmatisierung; Reis & Renzulli, 2004). Daran wird auch deutlich, dass Hochbegabte in ihrer sozio-emotionalen Entwicklung – ebenso wie andere Kinder und Jugendliche auch – auf soziale, schulische und familiäre Unterstützung angewiesen sind.“[22]

Wissenschaftliche Belege für typische Klischees und Stereotype bezüglich Hochbegabung scheint es also nicht zu geben. Diese Erkenntnis ist durchaus nicht unerheblich für das Selbstvertrauen und Selbstverständnis von Hochbegabten. Denn manchmal glauben sie ja selber, dass sie alleine aufgrund der Tatsache, dass sie hochbegabt sind, doch irgendwelche Probleme im sozialen Bereich haben müssten. Oder wenn Probleme auftauchen, dass diese immer mit ihrer Hochbegabung zusammenhängen. Und das ist gewiss nicht immer der Fall. Gleichzeitig gibt es – wie wir schon gesehen haben – Besonderheiten, die vor allem Hochbegabte betreffen und die eben auch im sozialen Miteinander und in der Kommunikation zu Missverständnissen, Unstimmigkeiten oder Unsicherheiten auf beiden Seiten führen können.

3.2 Kommunikation mit anderen

> *„Ich arbeite in einem großen Unternehmen im Rechnungswesen. Immer dienstagmorgens findet bei uns das wöchentliche Teammeeting statt. An sich komme ich recht gut mit meinen Kolleginnen und Kollegen aus, aber diese Meetings sind irgendwie doch immer ziemlich anstrengend und unbefriedigend für mich.*
> *Das fängt schon beim Smalltalk vor der eigentlichen Besprechung an. So wirklich viel kann ich mit den belanglosen Themen, über die sich meine Kollegen unterhalten, nichts anfangen. Ich*

22 Preckel & Vock, 2013, S. 73f.

bemühe mich zwar, mich für die Themen zu interessieren und nachzufragen, aber ich habe das Gefühl, dass das Ganze manchmal etwas unbeholfen wirkt. Und anscheinend sind den anderen meine Fragen dann doch zu detailliert. Denn die Gespräche gehen meist nicht weiter oder tiefer und verlaufen im Sande, ehe es wirklich interessant wird.
Die eigentlichen Meetings mit zum Teil endlosen Diskussionen empfinde ich oft als reine Zeitverschwendung. Warum kommen die Kollegen nicht mal auf den Punkt oder besprechen wirklich wichtige Dinge? Das ist mir echt nicht klar! So wurde auch diesen Dienstag wieder lange über ein Problem geredet, dessen Lösung meiner Ansicht nach auf der Hand lag. Also habe ich nach einer Weile meinen Lösungsvorschlag geäußert, aber zunächst nur in fragende Gesichter geschaut. Beim Versuch, meine Lösung nochmals zu verdeutlichen, wehrten die Kollegen recht schnell ab. Sie sagten, es sei doch ganz anders, ich hätte das Problem nicht verstanden, das mache keinen Sinn und obendrein möchten sie jetzt bitte keine große Diskussion darüber haben. Da war ich erst mal ein wenig vor den Kopf gestoßen. Und als dann auch noch weiter nach einer Lösung gefahndet wurde und am Ende eine beschlossen wurde, die meiner Lösung ziemlich nahe kam, habe ich mich innerlich echt aufgeregt. Und das war nicht das erste Mal so!
Ich habe mich dann – wie schon oft – für den Rest des Meetings zurückgehalten, war frustriert und verunsichert zugleich. Irgendwie ist die Kommunikation mit meinen Kolleginnen und Kollegen in solchen Situationen echt schwierig, und ich weiß dann nicht wirklich, woran das liegt. Eigentlich hatte ich ja nur eine gute Lösung im Sinne des Teams geäußert, und an sich komme ich mit den anderen auch soweit gut klar ..." (Steffi, 42)

3.2.1 Kommunikative Fähigkeiten

Viele Hochbegabte sind wortgewandt und besitzen eine sehr gute Ausdrucksweise. Diese besonderen verbalen Fähigkeiten werden häufig bereits im Kindesalter deutlich. So fangen viele hochbegabte Kinder früher an zu sprechen als ihre Altersgenossen. Es gibt zwar auch die, die später anfangen, sie zeichnen sich dann aber schnell durch einen großen Wortschatz aus. Zudem bilden viele hochbegabte Kinder gerne komplexe Sätze oder haben große Freude an Wortspielen und -rätseln. Diese fortgeschrittene sprachliche Entwicklung kann jedoch auch die Kommunikation und das Miteinander mit anderen stark beeinflussen. So kann es mit Gleichaltrigen zum Beispiel zu Kommunikations- und Verständigungsproblemen kommen, weil die anderen Kinder noch nicht so weit sind. Hochbegabte Kinder machen dann die Erfahrung, von anderen nicht verstanden zu werden. Häufig wissen sie dabei gar nicht, warum, weil ihre Wortgewandtheit und Ausdrucksweise für sie normal ist und vielleicht zu Hause im Kontakt mit den Eltern oder anderen Erwachsenen nicht zu Problemen führt.

Auch als Erwachsene haben Hochbegabte oft eine besondere Freude an sprachlichen Herausforderungen. Sie legen zum Teil großen Wert darauf, Sprache präzise zu verwenden, sind schlagfertig oder erfreuen sich an Wortspielen und schneller Kommunikation. Dementsprechend fühlen sich viele in einer Umgebung wohl, in der eine ausgewählte oder auch verspielte Ausdrucksweise willkommen ist. Diese einerseits guten kommunikativen Fähigkeiten und eine gewählte Ausdrucksweise vieler Hochbegabter können aber auch als Hervortun oder Besserwisserei verstanden werden und zu Kommunikationsproblemen führen.

3.2.2 Häufige Problemfelder

Welch wichtige Rolle die Kommunikation mit anderen und vor allem die negativen Seiten hierbei im Leben von hochbegabten Erwachsenen spielen, wird immer wieder in meinen Coachings deutlich. Schwierigkeiten in der Kommunikation mit anderen zeigen sich bei vielen Hochbegabten in unterschiedlichen Bereichen und führen zu zum Teil großen Problemen. Auch in der Befragung wurden bei der Frage, wie sich Hochbegabung im Alltag bemerkbar macht, „Kommunikationsprobleme“ bereits an dritter Stelle nach einer „hohen Auffassungsgabe“ und „breiten Interessen“ genannt. Kommunikationsprobleme und deren Folgen sind oft vielschichtig und können einen großen negativen Einfluss auf das private und/oder berufliche Leben haben.

Die Erfahrung „die anderen verstehen mich nicht“ machen etliche Hochbegabte bereits recht früh, und bei vielen von ihnen zieht sie sich weiter durch einen Großteil ihres Lebens. Sie erleben, dass andere ihre Gedankengänge nicht nachvollziehen können, es zu Missverständnissen oder Unverständnis ihnen gegenüber kommt. Manche merken, dass sie andere überfordern. Andere

Hochbegabte sprechen davon, dass es „irgendwie" Kommunikationsprobleme gibt, sie aber gar nicht weiter sagen können, wieso. Es ist halt schwierig.

Häufig liegen die Probleme darin begründet, dass der Hochbegabte mit seinen Gedanken bereits ein paar Schritte voraus ist. So äußert er Dinge, die die anderen noch gar nicht nachvollziehen und daher noch nicht verstehen können. Vielleicht hat der Hochbegabte aber auch Gedankensprünge gemacht, die es dem Gegenüber fast unmöglich machen, seinen Gedanken zu folgen. Oder seine besondere Art zu denken, Dinge komplexer und weiter zu betrachten als viele andere führt dazu, dass andere Personen ihn nicht richtig verstehen.

So ist der oft beschriebene Eindruck „die anderen verstehen mich nicht" für die betreffende Person sehr real, und der Hochbegabte muss Strategien entwickeln, hiermit umzugehen und sich beispielsweise in manchen Gesprächen besser auf sein Gegenüber einzustellen. Bei Hochbegabten untereinander ist dies meist anders. Hier verläuft die Kommunikation vielfach problemlos – zumindest wenn es um eher sachliches Verstehen von Themen und Zusammenhängen geht. Eine allgemein hohe Auffassungsgabe und die ähnliche Art des Denkens tragen dazu bei, dass Verständigungsprobleme seltener auftreten.

In der Kommunikation mit nicht hochbegabten Personen haben Hochbegabte häufig das Gefühl, „mit angezogener Handbremse" zu agieren. Hier ist es hilfreich für Hochbegabte, ihre Besonderheiten im Hinterkopf zu behalten. Also sich bewusst zu machen, dass sie in vielen Dingen Schritte voraus sind, schneller denken, weiter und komplexer – und dadurch häufig auch komplizierter oder sogar zu kompliziert – denken, Gedankensprünge machen oder für andere wichtige Zwischenschritte weglassen. Indem sie sich diese Dinge vor Augen halten, können sie sich leichter auf andere einstellen und erheblich zu einer verbesserten Kommunikation beitragen. Viele Hochbegabte berichten, dass sie dann bewusst Sachverhalte simpler, kleinschrittiger oder einfach langsamer darstellen. Sie achten darauf, Gedankensprünge zu vermeiden und auch Zwischenschritte zu erwähnen oder zu erklären. Manche stellen sich in der Sprache auf ihr Gegenüber ein. Das kann sich in einer einfacheren oder bestimmten Wortwahl bemerkbar machen oder sogar darin, dass sich der Hochbegabte an den Dialekt seines Gesprächspartners anpasst.

> *„Ich habe mir angewöhnt, Dinge möglichst einfach und lieber etwas ausführlicher zu erklären." (Gerd, 54)*

„Ich muss mich öfter bremsen und sehr darauf achten, dass ich meine Erklärungen strukturiere und mich nicht von ‚Nebenkriegsschauplätzen' ablenken lasse." (Sebastian, 40)

„Ich versuche, mich auf mein Gegenüber einzustellen und meine Kommunikation anzupassen." (Wiebke, 47)

„Ich bin gedanklich oft schneller als andere, muss mich in Diskussionen oft bremsen, wenn mein Gegenüber nicht mitkommt." (Mark, 41)

„Gegenüber ‚normalen' Menschen habe ich mir in der Kommunikation eine ‚innere Handbremse' antrainiert, um sie kommen zu lassen und wechselseitige Kommunikation dadurch zu ermöglichen. Wenn ich auf andere Hochbegabte treffe, bin ich vollkommen entspannt und nehme ‚normales geistiges Tempo' ein." (Ines, 37)

„Im alltäglichen Leben konzentriere ich mich seit meiner Schulzeit stark auf eine einfache Ausdrucksweise und halte mich bewusst zurück, wenn ich längst weiß, worauf mein Gesprächspartner hinauswill." (Beate, 49)

Auch wenn viele Hochbegabte sich bemühen, sich auf ihren Gesprächspartner einzustellen, kann dies zum einen sehr anstrengend sein und zum anderen manchmal nicht den gewünschten Effekt haben. Bei weniger wichtigen Dingen hilft dann vielleicht nur, einfach das Thema zu wechseln oder die Kommunikationsprobleme auf „Missverständnisse" zu schieben. Nicht immer kommt man auf einen gemeinsamen Nenner.

Wenn Hochbegabte zu häufig schon die Erfahrung gemacht haben, von anderen nicht verstanden zu werden, ziehen sich viele von ihnen zurück oder differenzieren, bei wem sie was sagen können. So beschreiben ein Viertel aller Befragten, dass für sie „Zurückziehen" oder „Zurückhalten" bewusst angewendete Strategien in sozialen Situationen oder bei der Kommunikation mit anderen sind. Bei anderen Hochbegabten oder guten Freunden ist dies nicht der Fall. Hier sagen sie, was sie denken, und empfinden die Kommunikation als problemlos. Bei anderen und häufig in großen Gruppen halten sich viele jedoch stark – zum Teil zu stark – zurück. Sie sagen dann nicht mehr alles, was sie wissen oder denken, behalten auch gute und hilfreiche Gedanken für sich und gehen Diskussionen aus dem Weg. Manche Hochbegabte sagen zum Teil oder in bestimmten Umgebungen fast gar nichts mehr. Aber diese Zurückhaltung kann auf Dauer viel Kraft kosten und sehr unbefriedigend sein, wenn man eigentlich weiß, dass man etwas Gutes oder Richtiges beitragen kann.

> *„Ich versuche, mich zurückzuhalten, getreu dem Motto: Reden ist Silber, Schweigen ist Gold." (Pia, 29)*

> *„Manchmal einfach die Klappe halten, wenn man merkt, hier passt es nicht." (Christian, 44)*

> *„Erst mal die anderen reden lassen und die Situation beobachten." (Steffen, 40)*

> *„Stärker zielgruppenorientiert kommunizieren, d.h. auch mal gezielt einfach formulieren und – je nach Umwelt – manche Dinge einfach für mich behalten." (Dirk, 57)*

> *„Erst zuhören, dann reden." (Tanja, 33)*

> *„Manchmal mische ich mich gar nicht erst ein, auch wenn ich weiß, dass jemand unrecht hat bzw. etwas Falsches erzählt, weil es mir mittlerweile zu anstrengend ist." (Jutta, 39)*

> *„Ich halte öfters mal die Klappe, auch wenn ich mir sicher bin, dass ich ‚recht' habe, um nicht als rechthaberisch zu gelten." (Agnes, 48)*

Die Schnelligkeit im Denken kann sich nicht nur in Kommunikationsproblemen äußern, sondern auch darin, dass Hochbegabte manch ungeliebte Angewohnheit haben wie das **Dazwischenfunken**. So kommt es des Öfteren vor, dass Hochbegabte wissen oder meinen zu wissen, was ihr Gesprächspartner sagen möchte und vervollständigen dessen Sätze. Das kommt natürlich in der Regel nicht gut an. Ebenso fördert ein In-Gespräche-Reinplatzen kaum eine angenehme Kommunikationsatmosphäre, nur weil man gerade einen tollen Gedanken hatte. Geduld ist nun mal keine ausgeprägte Stärke von vielen Hochbegabten, aber durchaus eine wichtige Voraussetzung für eine wertschätzende Kommunikation. So kann es für Hochbegabte in vielen Situationen sinnvoll sein, bewusst „einen Gang runterzuschalten“ oder sich in Gesprächen zurückzuhalten. Mal abzuwarten, andere ausreden zu lassen und den Mitmenschen mehr Zeit zu lassen, führt häufig nicht nur zu einer verbesserten Atmosphäre, sondern auch zu guten Ergebnissen. Denn andere haben natürlich auch sehr gute Ideen. Da Hochbegabte zum Teil zu kompliziert denken, tun sie sich manchmal mit einfachen und praktischen Lösungen schwer. Dies kann gerade im Alltag ein Hindernis sein.

Eine weitere Herausforderung in der Kommunikation mit anderen ist, dass einige Hochbegabte ihre sehr guten verbalen Fähigkeiten gerne in **Diskussionen** zum Ausdruck bringen. Es bereitet ihnen große Freude, mit anderen über verschiedenartige Themen zu debattieren und diese von allen Seiten in zum Teil ausschweifenden Diskussionen zu beleuchten. Diese Diskussionsfreude stößt nicht bei allen Mitmenschen auf Gegenliebe, wie viele Hochbegabte schon erfahren haben. Das ist ein Dilemma, denn gerade, wenn es so richtig ins Detail geht und die anderen oft schon ermüdet sind, wird es für viele Hochbegabte erst interessant. Nun blühen sie richtig auf. Wichtig ist, dass Hochbegabte versuchen, ein Gespür dafür zu entwickeln, wann es den anderen zu viel wird. Sie sollten dann respektieren, wenn der Gegenüber signalisiert, dass er nicht weiter über ein bestimmtes Thema sprechen will. Denn wer da nicht den Punkt findet, wird beim nächsten Mal nicht so schnell freudige Diskussionspartner finden. Dies ist natürlich auch unter Hochbegabten so. Auch wenn andere Hochbegabte sicher ein Umfeld sind, in dem längere und tiefergehende Diskussionen gefunden werden können, ist auch hier die Diskussionsfreude irgendwann zu Ende.

Manchmal möchten andere mit Hochbegabten auch nicht diskutieren, weil einige Hochbegabte eine **besserwisserische Art** an den Tag legen. Viele von ihnen haben ein sehr gutes Gedächtnis und interessieren sich – wie wir schon gesehen haben – für eine Vielzahl von Themen. So haben sie in unterschiedlichsten Gebieten ein zum Teil sehr profundes Wissen angehäuft und können zu vielen Themen etwas beitragen. Was viele Hochbegabte eben auch gerne – zum Teil ungefragt – tun. Dies ist häufig gar nicht besserwisserisch oder belehrend gemeint. Und vielfach ist ihnen dabei gar nicht klar, wie ihre Außenwirkung ist und welche Reaktionen sie auslöst. Viele Hochbegabte diskutieren eben wirklich gerne, haben Freude an fachlichem Austausch und decken gerne Widersprüche auf. Oder sie bringen schnell Verbesserungsvorschläge, da sie Fehler oder Unstimmigkeiten nun mal rasch bemerken. Die Vehemenz, Intensität und Art und Weise jedoch, in der sie dies zuweilen tun, kommt bei anderen unter Umständen als Rechthaberei an. Und natürlich gibt es auch die Hochbegabten, die den anderen gerne ab und zu aufs Brot schmieren, dass sie etwas besser wissen oder vermeintlich klüger sind. Manchmal geschieht dies auch in Form von sarkastischen oder verletzenden Bemerkungen mal so zwischendurch. Der Grad zwischen „anderen Wissen mitteilen“ und Rechthaberei kann durchaus schmal sein.

> *„Der wichtigste Schritt für mich war die Erkenntnis, dass Rechthaberei alleine nicht reicht. Ich musste die Regeln einer guten Kommunikation lernen.“ (Olaf, 48)*

> *„Als Hochbegabter neigt man öfter dazu, Menschen auf den Schlips zu treten, obwohl man das eigentlich gar nicht möchte, bzw. merkt man es manchmal gar nicht.“ (Celina, 27)*

> *„Andere erheben oft den Vorwurf der Besserwisserei oder des Nicht-ausreden-Lassens oder zum Beispiel den Vorwurf, ich hätte irgendetwas Beleidigendes gesagt, was überhaupt nicht so gemeint war, weil ich den rein sachlichen Inhalt des Gesagten sehe, das Gegenüber aber irgendeine Art und Weise bemerkt, wie es gesagt wurde, die mir nicht bewusst ist (oder deren gesellschaftliche Erfordernis mich nervt).“ (Ingrid, 39)*

> *„Ich muss vorsichtig sein, Leuten nicht auf die Füße zu treten, weil ich manchmal auf einer Sachebene denke und diskutiere, wo andere sich persönlich betroffen fühlen. Generell merke ich, dass ich viele Themen deutlich sachlicher und distanzierter betrachten kann als andere.“ (Anita, 34)*

> *„Ich möchte es mir aber abgewöhnen, nicht länger wie ein Oberlehrer rüberzukommen.“ (Lia, 25)*

Die Hochbegabten, die ausdrücklich nicht als Besserwisser dastehen möchten, bemühen sich oft sehr stark um eine annehmbare Kommunikation. Sie möchten die anderen nicht in schlechtem Licht dastehen lassen, sie nicht vor den Kopf stoßen oder als Besserwisser rüberkommen. Sie lassen sich auf andere ein, versuchen den Standpunkt der anderen zu verstehen, wirklich zuzuhören und die Anregungen in die Lösungsfindung mit einzubeziehen. Für einige hat sich hier auch bewährt, lieber Fragen zu stellen, anstatt Lösungsstrategien oder Belehrungen zu äußern. Oder sie versuchen, nur bei ihnen wirklich wichtigen Themen zu debattieren und sich dann mit Sachkenntnis durchzusetzen. Viele haben hier ihre eigene Form gefunden, um zu einer guten Kommunikation beizutragen.

> *„Auf den anderen einlassen und versuchen, den Standpunkt zu verstehen. Von dort aus das Gespräch entwickeln. Geht erfahrungsgemäß schneller, als den eigenen Standpunkt zu äußern.“ (Florian, 36)*

> *„Menschen vor allem auf der emotionalen Ebene abzuholen, ist eine weitere Strategie. Mit der inhaltlichen oder gar abstrakten Ebene sind Menschen fast immer, ungeachtet des Niveaus, überfordert.“ (Mike, 34)*

> *„Zurückhaltende Kommunikation im Sinne von unterstützenden Fragen und Hinweisen, die andere zur Lösung führen. Das ist meist schneller und zielführender, als gegen den Widerstand zu argumentieren und alles noch mal haarklein aufzudröseln.“ (Daniel, 45)*

Ob das aber immer so einfach funktioniert, ist fraglich. Denn Kommunikation hängt von mehreren Faktoren gleichzeitig ab. Auch beim Beispiel von Steffi am Anfang dieses Kapitels wird deutlich, dass sie bei Meetings und Besprechungen mit ihren Lösungsvorschlägen und Strategien nicht weiterkommt, obwohl sie eigentlich mit ihren Kolleginnen und Kollegen aus ihrer Sicht im Arbeitsalltag ein gutes Verhältnis hat. Und dies wird vielleicht nicht nur daran liegen, dass sie ihre Lösung gegebenenfalls zu früh geäußert hat und die anderen noch nicht so weit waren. Oder dass sie den anderen zu ungewöhnliche oder komplizierte Vorschläge unterbreitet hat, weil am Ende des Meetings ja eine Lösung gefunden wurde, die ihrer ziemlich nahe kam. Daneben werden wahrscheinlich noch andere (hinderliche) Faktoren aufgetreten sein.

Zwischenmenschliche Kommunikation ist eben doch eine vielschichtige und komplexe Angelegenheit, in der vielfältige Aspekte eine Rolle spielen und die ganze Bücher füllt. Hier kann nur ein kleiner Ausschnitt betrachtet werden. Dennoch, was ist neben dem bereits Beschriebenen noch zu bedenken? Um Antworten auf diese Frage zu erhalten, können verschiedene Kommunikationsmodelle herangezogen werden. Ein „Klassiker" unter ihnen ist das Kommunikationsquadrat von Friedemann Schulz von Thun,[23] das in vielen kommunikativen Situationen gute Erklärungen liefert.

Das Kommunikationsmodell von Friedemann Schulz von Thun wird auch das Modell der „vier Ohren und vier Schnäbel" genannt. Der Kern ist, dass Kommunikation eine vierdimensionale Angelegenheit ist und ein und dieselbe Nachricht mehrere Botschaften gleichzeitig enthalten kann.

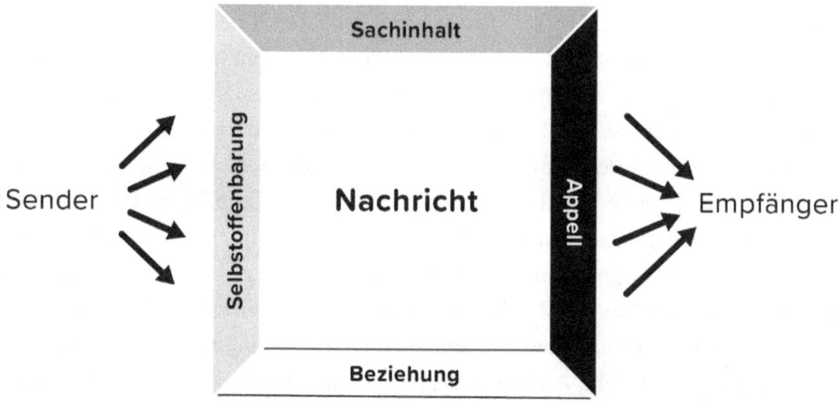

Zunächst ist der Grundvorgang der zwischenmenschlichen Kommunikation immer gleich. Der Sender möchte etwas mitteilen. Er äußert seine Nachricht, und der Empfänger empfängt diese. Inwieweit die gesendete und die empfangene Nachricht übereinstimmen, hängt von mehreren Faktoren ab. Denn eine Nachricht enthält laut Schulz von Thun immer vier Aspekte gleichzeitig, die als gleichrangig anzusehen sind.

Zunächst gibt es den **Sachinhalt**, das heißt eine Nachricht enthält eine Sachinformation. So könnte Steffi in dem Fallbeispiel gesagt haben: „Um das

23 vgl.: Schulz von Thun, 1998

Problem zu lösen, müssen wir alle doch nur unsere Daten jeden Tag in die Excel-Tabelle Nr. 3 eintragen." Die Sachinformation ist also klar. Natürlich kann sich hinter dieser Überlegung vielleicht ein sehr komplexer und nicht leicht nachvollziehbarer Denkvorgang verbergen, aber auf diese Problematik wollen wir hier nicht noch einmal eingehen.

Neben dem Sachinhalt verbirgt sich in jeder Nachricht auch eine **Selbstoffenbarung**. Das bedeutet, dass immer auch Informationen über die Person des Senders enthalten sind. Zum Beispiel erfahren wir über Steffi, dass sie meint, den Sachverhalt verstanden zu haben, und dass sie die Lösung wohl auch nicht für besonders schwierig hält. Der Begriff Selbstoffenbarung soll sowohl die gewollte Selbstdarstellung als auch die unfreiwillige Selbstenthüllung mit einschließen. Wenn wir jetzt nicht nur den Satz von Steffi lesen könnten, sondern auch sehen und hören würden, wie sie ihn sagt, könnten wir noch mehr über Steffi erfahren. Denn gerade die nonverbale Kommunikation durch Gestik, Mimik oder den Tonfall macht den deutlich größeren Teil der Kommunikation im Vergleich zur verbalen Kommunikation aus, also dem tatsächlich Gesagten. Dieser Aspekt spielt auch bei einer weiteren Seite der Nachricht, der **Beziehung**, eine entscheidende Rolle. So geht aus einer Nachricht auch immer hervor, was der Sender vom Empfänger hält und wie die beiden zueinander stehen. Eine Nachricht senden bedeutet somit auch, zu dem Empfänger eine Art von Beziehung kundzutun. Steffi sagt, dass sie eigentlich mit ihren Kolleginnen und Kollegen gut klarkommt und sie wohl ganz in Ordnung findet. Trotzdem wissen wir nicht, wie Steffi mit ihnen im Meeting gesprochen hat. Wir haben also keine weiteren Informationen zur nonverbalen Kommunikation. Daher können wir kaum sagen, welche Aussagen Steffi auf der Beziehungsseite gesendet hat. Jedoch hat der Empfänger für diese Seite der Nachricht gewöhnlich ein besonders empfindliches Ohr. Die Reaktion der Kolleginnen und Kollegen lässt vermuten, dass sie nicht nur positive oder neutrale Botschaften auf der Beziehungsseite wahrgenommen haben. So könnten sie aus Steffis Satz auch herausgelesen haben, dass sie sie für dümmer oder unfähiger hält, weil sie eine so einfache Lösung ja nicht verstehen.

Die vierte Seite einer Nachricht ist die **Appellseite**. Hier möchte der Sender den Empfänger zu etwas Bestimmtem veranlassen. Zum Beispiel soll er etwas tun oder lassen, etwas denken oder fühlen. Dieses Einflussnehmen kann sowohl offen als auch versteckt erfolgen. Im Fallbeispiel äußert Steffi den Appell offen und möchte, dass die anderen ihren Vorschlag annehmen und zukünftig jeden Tag ihre Daten in die Tabelle eintragen.

Hochbegabte meinen oft, es gehe vorrangig um die Sache. Denn bei ihnen stehen in vielen Gesprächen die Fakten und die reine Sachlage im Vordergrund. Auch wenn sie sich selber auf die Fakten fokussieren, müssen sie bedenken, dass sie dennoch viele weitere Botschaften senden. Alle diese Botschaften können beim Gegenüber ankommen. Und welche er davon hört und vor allem wie er diese auffasst, ist dem Empfänger überlassen.

So wie in einer Nachricht vier verschiedene Aspekte vom Sender enthalten sind, kann der Empfänger auch jede Nachricht mit „vier Ohren“ hören. Er kann den Sachinhalt, die Selbstoffenbarung, den Beziehungsaspekt oder den Appell hören. Je nachdem welches Ohr besonders auf Empfang gestellt ist, bestimmt darüber, wie die Nachricht aufgenommen wird. Und dies bestimmt wiederum darüber, wie der Empfänger reagiert und welchen Verlauf die Kommunikation nimmt.

Auch Steffi hat nur begrenzte Möglichkeiten, auf das Gespräch Einfluss zu nehmen. Den anderen Teil tragen ihre Kolleginnen und Kollegen dazu bei. Es ist aber gut, als Sender um die vier Seiten der Nachricht zu wissen und auch die eigene Kommunikation immer wieder zu überdenken. Gerade für Hochbegabte kann es sinnvoll sein, die anderen eine Kommunikation beeinflussenden Faktoren zu betrachten und sich klarzumachen, dass zu den Unterschieden zwischen ihnen und vielen anderen Personen auch die „normalen“ Kommunikationshindernisse hinzukommen. Nicht jedes Kommunikationsproblem hat seine Ursache in der Hochbegabung, und jede Kommunikation findet in einem neuen Kontext statt und hat ihre besonderen Eigenheiten.

Dennoch gibt es ein Problemfeld in der Kommunikation, das viele Hochbegabte betrifft, und das ist **Smalltalk**. Viele hochbegabte Erwachsene berichten von einer regelrechten Abneigung gegenüber Smalltalk. Sie erzählen, dass sie sich eher für andere Themen interessieren und mit den typischen Smalltalk-Themen nicht viel anfangen können. Aber auch, wenn sich Hochbegabte für ähnliche Themen begeistern können, fällt es vielen von ihnen schwer, beim Smalltalk an der Oberfläche zu bleiben. So haben viele den Eindruck, keinen Smalltalk halten zu können, und fühlen sich dabei – wie Steffi – recht unbeholfen. Das wiederum kann bei anderen zu Irritationen führen.

> *„Smalltalk oder das Austauschen von Belanglosigkeiten sind Dinge, die ich nur schwer nachvollziehen kann und in denen ich auch nicht gut bin.“ (Moritz, 37)*

„Ich fühle mich manchmal wie Sheldon Cooper (Big Bang Theory). Ungeschriebene Regeln zu erkennen, ist schwierig, wenn's mir keiner erklärt. Oder auf Partys ‚Pflichtgespräche'." (Thomas, 43)

„Auch privat brauche ich viel Anregung, vor allem im Gespräch. Smalltalk macht mich wahnsinnig." (Petra, 45)

„Ich fühle mich hauptsächlich oft unverstanden und habe scheinbar das seltsame Talent, Unterhaltungen zum Stillstand zu bringen, wenn ich dann mal ein Argument beisteuere." (Uta, 29)

„Mit den Themen anderer Leute kann ich oft wenig anfangen (Sport, Mode, Fernsehsendungen, aber auch wilde Spekulationen)." (Chiara, 31)

Da Smalltalk jedoch zum privaten wie beruflichen Alltag dazugehört, haben viele hochbegabte Erwachsene hierfür Umgangsstrategien entwickelt. Viele versuchen, den Smalltalk in einem geringen, aber notwendigen Rahmen zu halten. Einige probieren, auf Themen umzulenken, in denen sich ihr Gegenüber gut auskennt. So gelangen sie zu einer tieferen Ebene. Andere bemühen sich, sich anzupassen und Interesse vorzutäuschen. Sie hoffen so, nach einiger Zeit doch noch zu spannenderen Aspekten des Gesprächs vorzudringen. Und viele sagen sich bewusst, dass diese erste, oberflächlichere Phase nun mal dazugehört, um Menschen näher kennenzulernen oder später zu den eigentlichen Themen zu gelangen. Dennoch fällt diese Anpassung meist nicht leicht und so meiden viele Hochbegabte Veranstaltungen wie lockere Zusammentreffen oder Partys, wo Gespräche fast nie über ein gewisses Niveau hinausgehen.

„In der misslichen Sondersituation des Smalltalks (ohne Fluchtmöglichkeit) versuche ich, schnellstmöglich herauszufinden, was meinen Gesprächspartner wirklich leidenschaftlich interessiert." (Beate, 49)

„Thema Smalltalk: Ich versuche, in einem breiten Wissensspektrum einschließlich Politik, Kultur und Gesellschaft auf dem

Laufenden zu bleiben, um oberflächliche Gespräche zufriedenstellend ‚zu bestehen'." (Ingo, 44)

„Manchmal anpassen an andere. Smalltalk führen, auch wenn er mich langweilt." (Ben, 25)

„Als ich von meiner Hochbegabung erfahren habe, bin ich mehr auf Leute zugegangen, habe mir Schüchternheit abgewöhnt und Smalltalk beigebracht. Mittlerweile bin ich ein sehr extrovertierter und offener Mensch." (Finn, 21)

Anregungen für eine reibungslosere Kommunikation in Kürze:

Die anderen verstehen mich nicht:

- Sachverhalte ggf. simpler, kleinschrittiger oder mehrmals darstellen
- Zwischenschritte erläutern
- Gedankensprünge vermeiden
- Ggf. Wortwahl an Gegenüber anpassen

Dazwischenfunken:

- Mitmenschen mehr Zeit lassen, andere ausreden lassen, abwarten
- Zuhören, Anregungen anderer mit aufnehmen, andere in Lösungsfindung einbeziehen

Diskussionen:

- Auf Anzeichen von Überforderung oder Ermüdung bei anderen achten
- Diskussionen beenden, wenn andere nicht mehr mitdiskutieren wollen

Besserwisserische Art:

- Hinweise auf Fehler sowie Verbesserungsvorschläge auf wertschätzende bzw. annehmbare Art kommunizieren
- Versuchen, nicht rechthaberisch zu wirken
- Ggf. lieber Fragen stellen als Lösungsstrategien anzubieten und zu belehren

Smalltalk:

- Versuchen, ein gewisses Maß an Smalltalk zu halten, da dieser zur Kommunikation dazugehört
- Smalltalk auf tiefergehende Themen lenken

Allgemeine Herausforderungen:

- Auch auf nonverbale Kommunikation achten
- Bedenken, dass jede Nachricht viele Botschaften beinhaltet
- Sich nicht „jeden Schuh anziehen", auch der Empfänger hat einen großen Anteil an der Kommunikation

3.3 Verhalten und Beziehungen zu anderen

„Mit Freundschaften und Beziehungen hatte ich lange Zeit eher Schwierigkeiten, würde ich sagen. Ich habe oft versucht, mich anzupassen, weil ich nicht als anders wahrgenommen und ausgegrenzt werden wollte. Das habe ich früher in der Schule längere Zeit erlebt, und das war eine wirklich schlimme Erfahrung für mich. Das sollte mir eben nicht noch mal passieren. Gleichzeitig habe ich mich doch manchmal anders gefühlt als die anderen bzw. fand mich zum Teil nicht so spontan, lustig und gesellig wie andere. Obwohl ich eigentlich schon ein kommunikativer Typ bin, gerne mit anderen intensive Gespräche führe und am Kontakt mit anderen interessiert bin. Aber das kommt durch meine eher ruhigere Art wohl teilweise nicht so rüber. Da dauert es schon mal länger, bis ich Freundschaften aufbaue, und ich habe an Freundschaften auch recht hohe Erwartungen, glaube ich. Ist dadurch vielleicht nicht so einfach, aber ich habe einige wirklich tolle Freunde im Laufe des Lebens gefunden. Nicht so sehr viele, aber mir ist die Qualität wichtiger als die Quantität.

Mit Beziehungen war es lange Zeit noch schwieriger. Ich weiß nicht, ob ich Frauen manchmal durch meine eher intellektuelle Art abgeschreckt habe. Zumindest gingen einige Beziehungen relativ schnell in die Brüche. Eine Freundin sagte, ich sei zu anstrengend, und eine andere meinte, sie fühle sich mir gegenüber grundsätzlich unterlegen, weil ich so vieles wüsste und könnte, was ich selber aber nicht finde. Ganz im Gegenteil. Egal, inzwischen hat sich das Thema nämlich geklärt, weil ich eine ganz tolle Frau kennengelernt habe, mit der ich sofort auf einer Wellenlänge war. Das habe ich vorher eigentlich noch nicht so erlebt. Obwohl wir in vielem auch unterschiedlich sind, passt es super. Interessanterweise hat sich später herausgestellt, dass sie auch hochbegabt ist. Ob es daran liegt, dass wir uns so gut verstehen, weiß ich nicht. Auch wenn's bei mir etwas länger gedauert hat, denke ich jetzt schon, dass ‚jeder Topf seinen Deckel' finden kann. Man braucht eben Geduld." (Thomas, 52)

3.3.1 Spagat zwischen Anpassen und Ausleben

Sehr viele Hochbegabte sehen sich im Kontakt mit anderen – sei es im privaten oder beruflichen Umfeld – mit folgendem Konflikt konfrontiert: Sie möchten ihre eigenen Ziele verwirklichen, ihrer Persönlichkeit entsprechend agieren und gleichzeitig sozial integriert und akzeptiert sein. Dies möchten natürlich nicht nur hochbegabte Personen, und so muss jeder hier gewisse Kompromisse eingehen. Diesen Kompromissen geht häufig eine innere Zerrissenheit voraus, wenn zum Beispiel beim Ausleben bestimmter Talente oder Persönlichkeitseigenschaften mit Ablehnung gerechnet wird. Dieser innere Konflikt scheint bei Hochbegabten besonders groß zu sein. In der Hochbegabungsforschung wird dieser Konflikt bei hochbegabten Jugendlichen „Forced-choice Dilemma"[24] genannt. Dieses Dilemma beschreibt, dass sich hochbegabte Jugendliche gezwungen fühlen, sich zwischen der Erreichung überdurchschnittlicher Leistungen aufgrund ihrer besonderen Fähigkeiten auf der einen und dem Bedürfnis nach Zugehörigkeit sowie gutem Kontakt zu ihrer Peergroup auf der anderen Seite entscheiden zu müssen. Um den hierdurch verursachten Stress zu bewältigen, wenden sie unterschiedliche Strategien an. Manche Jugendliche sind besonders hilfsbereit, andere verstecken ihre eigenen Fähigkeiten oder spielen diese runter. Ob dieses Dilemma und die sich daraus ergebenden Bewältigungsstrategien auch für hochbegabte Erwachsene zutreffen, hat Charlotte Bodzin

24 vgl.: Gross, 1989, S. 189–194

2014 in ihrer Masterarbeit untersucht[25] und vermutet auch bei hochbegabten Erwachsenen „ein Phänomen wie das Forced-choice Dilemma"[26].

Auch in Coachings und meiner Befragung berichten äußerst viele Personen von dieser Problematik. Viele wollen „dazugehören" und versuchen, sich irgendwie anzupassen. Sie bemühen sich, nicht aufzufallen, ihre Hochbegabung zu kachieren, sie zu überspielen oder nicht zu zeigen. Dies geschieht vielmals, indem sie sich dümmer stellen und die eigenen Fähigkeiten nicht zeigen – auch wenn hierdurch häufig eigene Nachteile in Kauf genommen werden müssen.

> *„In Gesprächen mit Freunden gebe ich öfters vor, etwas nicht zu wissen, um nicht als Besserwisser zu gelten. Ich mache mich meistens ‚dümmer', als ich bin." (Pia, 23)*

> *„Ich habe mir leider recht früh, im Grundschulalter, die Strategie angewöhnt, mich gegenüber fremden Menschen oder Menschen, die ich noch nicht gut kenne, dumm zu stellen. Bis heute ist mir noch nicht gelungen, mir das abzugewöhnen, obwohl es sich oft als unpraktisch erwiesen hat." (Christine, 55)*

> *„Ich erinnere mich, dass ich in der 9. oder 10. Klasse angefangen habe, absichtlich ‚schlechter' Deutsch zu sprechen und weniger komplexe oder seltene Ausdrücke zu verwenden, zum Teil mir auch angewöhnt habe, umgangssprachliche Fehler zu machen, um besser reinzupassen und als normal wahrgenommen zu werden." (Tom, 28)*

> *„Schauspielern in der Öffentlichkeit." (Doris, 32)*

> *„Ich denke, dass ich mich sehr gut an meine Umwelt anpassen und einstellen kann. Das habe ich allerdings über viele Jahre hinweg mehr oder weniger bewusst optimiert." (Henning, 38)*

> *„Ein Schauspiel: auf dumm machen. Bestenfalls den ‚zerfahrenen Professor' geben." (Wolfram, 62)*

---

25 Bodzin, 2014
26 ebd., S. 86

„Sich anpassen“ war in meiner Befragung auf die Frage „Wie gehst du mit deiner Hochbegabung im Alltag um bzw. hast du hierfür spezielle Umgangsstrategien entwickelt? Wenn ja, welche?“ nach „keine Strategie haben“ die meistgenannte Umgangsstrategie. Das zeigt, wie bedeutsam dieses Thema für hochbegabte Erwachsene ist. Anpassen kann jedoch unterschiedliche Dinge heißen. Für viele bedeutet es, Fähigkeiten und Können herunterschrauben oder diese gar nicht erst zeigen mit allen denkbaren (negativen) Konsequenzen. Für andere ist es, sich an den jeweiligen Kontext und die jeweilige Umgebung anzupassen. Also Hochbegabung nicht zu verleugnen und gleichzeitig zu versuchen, andere nicht vor den Kopf zu stoßen.

> *„Mittlerweile versuche ich, weniger bescheiden mit meinen Fähigkeiten umzugehen. Zurückhaltung ist jedoch immer noch oberstes Gebot.“ (Jens, 43)*

> *„Ich nehme mich gelegentlich zurück, wo es Sinn ergibt. Die meisten anderen Menschen sind ja nicht schlechter als ich, sondern nur anders.“ (Monika, 52)*

> *„Nicht damit protzen, aber auch nicht leugnen.“ (Stefan, 41)*

Andere sagen, dass sie sich inzwischen nicht mehr anpassen möchten und ihre Fähigkeiten ausleben wollen.

> *„Als Jugendlicher habe ich mich oft für meine Intelligenz geschämt und versucht, ‚normaler‘ zu werden, das soll mir nicht wieder passieren. Leute, die besonders schön oder besonders sportlich sind, können sich meistens unbefangen an ihrem Glück erfreuen. Ich habe seit einiger Zeit den Vorsatz, meine Hochbegabung so unbefangen und positiv zu sehen wie die Schönen ihre Schönheit, die Sportskanonen ihre körperlichen Fähigkeiten – inzwischen gelingt mir das auch meistens.“ (Vincent, 34)*

> *„Ich lebe sie voll aus. Früher habe ich mich versteckt, weil ich anderen immer einen Schritt voraus war, um nicht aufzufallen. Heute bin ich ich selbst und gehe selbstverständlich mit meinen*

intellektuellen Fähigkeiten um. Wer hat das recht, mir zu sagen, dass ich falsch sei?" (Mark, 37)

„Meine anfängliche Angepasstheit und allzu große Bescheidenheit versuche ich abzulegen. Für mehr innere Zufriedenheit." (Iris, 47)

„Ich habe mich rückblickend betrachtet, wohl an mein Umfeld angepasst und war viel zu bemüht, nicht aufzufallen. Seit der ‚Diagnose' bin ich mehr ‚ich selbst'." (Julian, 43)

„Seit ich es weiß und nicht mehr versuche, bei irgendwelchen Gruppen von nicht HBs dazuzugehören, ist es o.k." (Regine, 58)

Auch wenn etliche Hochbegabte berichten, dass sie (nicht mehr) versuchen, sich an die Norm anzupassen, und „ihr Ding" machen, sieht es beim Großteil doch anders aus. Und sie leiden zum Teil stark darunter. Denn Anpassung über einen langen Zeitraum kostet Kraft und Energie. Oft ist sie auch mit viel Unsicherheit verbunden: Wie passe ich mich überhaupt richtig an? Wie mache ich es so wie die anderen? Warum gelingt mir das trotz hohem Energieaufwand nicht wirklich? Und am Ende entsteht manchmal das Gefühl, dass die Anpassung trotz viel Aufwand nicht geglückt und das damit verbundene Ziel nicht erreicht wurde. Im Gegenteil, derjenige hat sich von sich selbst entfernt und vielleicht wesentliche Anteile seiner Persönlichkeit unterdrückt. Im schlimmsten Fall führt dies zu starken Krisen, und der Betroffene weiß nicht mehr, wer er wirklich ist, was ihn ausmacht und was ihn glücklich macht.

Eine Möglichkeit, dem entgegenzuwirken und dem inneren Konflikt zwischen Ausleben der eigenen Begabungen und Anpassen zu entfliehen, ist Rückzug. So berichten viele hochbegabte Erwachsene davon, dass sie sich generell zurückziehen. Wenn sie mit anderen (meist nicht so vertrauten) Personen zusammen sind, nehmen sie sich innerlich zurück und überlassen den anderen das Feld. Sie halten sich im Hintergrund und lassen die anderen agieren. Oder sie reduzieren den Kontakt aufs Nötigste und ziehen sich auch äußerlich zurück. Sie bleiben dann lieber alleine oder befassen sich zum Beispiel eher mit der Natur oder Tieren anstatt anderen Menschen. Dieser Rückzug zum Schutz der eigenen Persönlichkeit kann starke Gefühle der Einsamkeit und Ausgeschlossenheit hervorrufen. Das Dilemma ist damit meist nicht wirklich gelöst. Es ist nur die vielleicht weniger schmerzhafte Alternative und ein wenig mehr Selbstbestimmung. Aber es muss ja kein vollständiger Rückzug erfolgen, sondern es kann eine Art „Sowohl-als-auch“ praktiziert werden. So bevorzugen viele hochbegabte Erwachsene zwar wenige, dafür aber für sie qualitativ hochwertige Kontakte, bei denen sie größtenteils sie selbst sein können. Dazu mehr im Kapitel „Soziale Kontakte, Freundschaften und Beziehungen“.

Wenn nicht die Strategie Rückzug, sondern Anpassung gewählt wird, kommt hinzu, dass vielmals die eigenen Fähigkeiten nicht mehr zutage treten, derjenige sich und seine Stärken nicht mehr entfalten und weiterentwickeln kann. Damit dies nicht soweit kommt und derjenige sich nicht unangemessen stark anpasst, hilft oft das Wissen um die eigene Hochbegabung. Denn wenn derjenige weiß, dass er in manchen Aspekten anders als die Norm ist und dieses akzeptiert, ist der Wunsch, so zu sein wie die anderen oder um jeden Preis dazugehören zu wollen, vielmals gar nicht mehr so groß. Zumindest ist dann klar, dass eine völlige Anpassung gar nicht möglich und natürlich auch gar nicht sinnvoll ist. Es ist eben beides wichtig – eine Zugehörigkeit und eigene Entfaltung.

Und: Sich anpassen muss nicht nur etwas Negatives sein! Die Fähigkeit, sich an andere Personen oder Situationen anzupassen, heißt auch in sozialen Situationen eine besondere Kompetenz zu besitzen. Denn es ist selbstverständlich, dass sich jeder mal hier oder da anpassen muss und dies sehr positiv sein kann. Wenn es nicht nur nach den eigenen Vorstellungen oder vielleicht eingefahrenen Mustern geht, können wir Neues erleben, von dem wir eventuell nicht geglaubt hätten, dass es uns gefällt oder wir es können. Wir bleiben flexibel, offen für andere und ihre Lebensanschauungen oder stellen unsere eigenen Bedürfnisse zugunsten anderer in den Hintergrund und erfahren dadurch viel Positives. Sich anpassen kann auch bedeuten, Energie zu sparen, indem der Fokus auf anderen ist oder man nicht gegen etwas ankämpft. Gerade bei weniger wichtigen Dingen kann diese Energie gespart und dann für Wichtigeres eingesetzt werden. Oder wir erreichen eben die gewünschte Integration in eine bestimmte Gruppe, die wir ohne eine gewisse Anpassungsleistung nicht bekommen hätten. Manchmal nehmen wir da auch andere „Rollen“ ein, je nachdem in welchem Kontext wir uns befinden und mit wem wir zusammen sind, zum Beispiel mit Familie, mit Freunden oder Arbeitskollegen.

Man sollte sich den Nutzen des Sich-Anpassens vor Augen halten und abwägen, ob hierfür gewisse Nachteile (die sich langfristig vielleicht gar nicht als Nachteil darstellen) in Kauf genommen werden sollen. Jedoch bedeutet sich anzupassen auch hier nicht, sich dauerhaft um jeden Preis anzupassen! Eigene Bedürfnisse sollen selbstverständlich wahrgenommen und ihnen Beachtung geschenkt werden. Wenn jemand sich bewusst dazu entschließt, die eigenen Befindlichkeiten für eine gewisse Zeit hinten anzustellen und sich anzupassen, kann dies für ihn sehr positive Auswirkungen haben. Langfristig schwierig wird es hingegen, wenn derjenige zu häufig aus Zwang handelt und denkt, keine andere Wahl zu haben. Dann bedeutet die Anpassung einen Verlust an Kraft und Lebenszufriedenheit. Möglichst selbstbestimmtes Handeln ist auch hier die Zauberformel.

Und natürlich müssen Hochbegabte nicht zwangsläufig einen Konflikt zwischen Anpassen und Ausleben haben. Es gibt ja wie bereits oben beschrieben Hochbegabte, die sich nicht (mehr) anpassen oder verbiegen möchten, ihr Leben und ihre Talente leben und damit gut zurechtkommen. Eine günstige Voraussetzung hierfür ist ein wertschätzendes, wohlwollendes und verständnisvolles Umfeld, das nicht fordert, so zu sein wie andere oder sich zu verstellen. Auch eine wenig konkurrierende Umgebung, möglichst ohne Neid, Gewinnsucht oder übertriebenen Ehrgeiz, erleben viele als äußerst hilfreich. Ebenso wie den Kontakt zu anderen Hochbegabten, die ähnliche Probleme und Themen haben, sich oft gegenseitig besser verstehen können und in vielen Bereichen auf der gleichen Wellenlänge sind.

3.3.2 Ungeduld und andere Herausforderungen

Hochbegabte sind eine sehr heterogene Gruppe, und auch das Zusammensein mit anderen erleben sie auf sehr unterschiedliche Weise. Gleichzeitig gibt es einige wiederkehrende Herausforderungen, die viele hochbegabte Erwachsene in sozialen Situationen feststellen. Eine von vielen beschriebene Schwierigkeit stellt das Thema **Ungeduld** dar. Denn aufgrund ihrer enormen Schnelligkeit können Hochbegabte in sozialen Interaktionen äußerst ungeduldig sein. Gerade wenn ihnen ihre Hochbegabung und die im Vergleich zu vielen anderen Personen große Schnelligkeit nicht bewusst sind und sie diese als normal ansehen, kann dies zu Missstimmungen und Missverständnissen auf beiden Seiten führen.

Hochbegabte Erwachsene sind besonders ungeduldig gegenüber Mitmenschen, wenn diese nach ihrem Ermessen zu langsam denken oder arbeiten. Dann müssten Hochbegabte sich möglichst zurückhalten und bremsen, merken jedoch, dass ihnen das schwerfällt, sie andere zuweilen überrollen oder anderen ins Wort fallen, was diese verständlicherweise häufig als unhöflich oder respektlos empfinden. Und das trägt wahrlich nicht zu einem angenehmen Miteinander bei. Andere Personen nehmen Hochbegabte aufgrund ihres ungeduldigen Verhaltens dann vielleicht als rechthaberisch, arrogant oder ungehobelt wahr. Die Ungeduld muss nicht immer offensichtlich sein oder offen geäußert werden. Für den Gegenüber reicht es, wenn er diese unterschwellig wahrnimmt und sich dadurch gestresst fühlt. Auch Hochbegabten selber fällt ihre Ungeduld im Bezug auf andere und die damit einhergehenden negativen Konsequenzen in besonderem Maße auf. Zudem erleben viele auch Ungeduld mit sich selber, die sie als hinderlich empfinden. So wünschen sie sich nicht nur im Umgang mit anderen, sondern auch mit sich selber mehr Geduld und Gelassenheit und nehmen sich das explizit vor.

> *„Geduldig sein und hinnehmen, dass ich mich von anderen unterscheide." (Linda, 52)*

> *„Ich übe mich in Geduld anderen gegenüber, klappt leider nicht immer." (Jenny, 31)*

> *„Das Wissen um meine Hochbegabung hat mich viel gelassener gemacht beim Umgang mit Mitmenschen." (Peter, 48)*

> *„Mein meistgedachter Satz ist: ‚Hab ich doch gesagt; war doch klar, dass das passiert; warum hört der andere denn nicht auf mich?' Strategie: Geduld üben." (Sarah, 47)*

> *„Seit ich weiß, dass ich hochbegabt bin, bemühe ich mich, mich zurückzuhalten. Früher bin ich mit meinem Wissen oft einfach herausgeplatzt, jetzt bemühe ich mich, das nicht so oft zu tun." (Marie, 57)*

> *„Es hilft, die Ungeduld im Umgang mit den Menschen, die mehr Zeit brauchen, um etwas zu verstehen, zu zähmen." (Jana, 35)*

> *„Geduld, Geduld, Geduld ..." (Diana, 55)*

Neben der Ungeduld sprechen auch viele hochbegabte Erwachsene davon, dass sie des Öfteren ein **Unverständnis anderen gegenüber** verspüren. Oder sie sind äußerst erstaunt über die Durchschnittlichkeit von anderen Personen, wundern sich über deren „langsamere" Art oder mit welch „langweiligen" Dingen ihre Mitmenschen die Zeit verbringen. Auch die Ansichten oder Verhaltensweisen anderer erscheinen manchen unlogisch. Aber gerade die vermeintliche Langsamkeit führt zu regelrechten Irritationen. Dieses Unverständnis oder die subjektiv empfundene Langsamkeit kann wiederum erhebliche Reaktionen der Ungeduld oder „Naserümpfen" hervorrufen, was dann auch beim Gegenüber zu Irritationen und Konflikten beitragen kann. Denn derjenige empfindet seine Ansichten höchstwahrscheinlich als ganz normal, kann das Unverständnis des Hochbegabten darüber wenig nachvollziehen und wertet es vielleicht als hochnäsiges Verhalten. Auch das begünstigt naturgemäß keine positive Interaktion. Wenn der Hochbegabte aber weiß, dass er aufgrund der Hochbegabung vielfach schneller ist und andere Interessen oder Ansichten als viele andere Personen hat und diese eben *anders* und nicht zwangsläufig *besser* sind, kann er anderen mit „langsamerem" Verhalten oder „durchschnittlicheren" Meinungen vielleicht neutraler, respektvoller und wertschätzender gegenübertreten. Denn Hochbegabte wünschen sich ja selber ebenso von anderen wertschätzendes Verhalten ihnen gegenüber – auch wenn die anderen ihre Ansichten und Gedankengänge nicht direkt nachvollziehen können. Für einige Hochbegabte scheint der Umgang mit ihrer Meinung nach deutlich anderen Personen jedoch sehr schwer zu sein, und sie sind von anderen regelrecht genervt. So sieht der Umgang damit dann auch sehr unterschiedlich aus.

> *„Das ist etwas schwierig mit der Intelligenz: sie ‚raushängen' zu lassen, sieht immer sehr arrogant und abgehoben aus, also halte ich mich da doch sehr zurück. Die Kehrseite ist, dass man besonders unter der Dummheit leidet, die man bei vielen seiner Mitmenschen beobachten muss ... Das ist etwas, was fast körperlich wehtut: Früher hat man sich geschämt, wenn man dumm war, heute scheint man sogar stolz darauf zu sein." (Manfred, 61)*

> *„Die Hochbegabung erleichtert mir den Alltag, macht aber manchmal das Miteinander etwas nervig. Andere Menschen erscheinen mir manchmal dumm, selbst wenn sie es gar nicht sind." (Monika, 40)*

„Die Durchschnittlichkeit, von dem was mich umgibt, erstaunt mich immer wieder aufs Neue." (Johannes, 40)

„Innerlich könnte ich ausrasten, wenn ich sehe, was überall für ein Blödsinn verzapft wird." (Christoph, 45)

„Dumme Menschen regen mich manchmal sehr auf." (David, 46)

„Ich versuche zu akzeptieren, dass sich viele meiner Mitmenschen weniger Gedanken machen, was mir häufig schwer fällt, weil ich nicht auf sie Rücksicht nehmen möchte. Denn sie nehmen ja auch keine auf mich." (Rudi, 30)

Viele Hochbegabte reagieren auch hier dann mit Rückzug und sagen von sich selbst, dass sie einen reduzierten Bedarf an sozialen Kontakten haben. Vielleicht ist das so, vielleicht haben sie aber noch nicht das für sie passende Umfeld oder die Menschen gefunden, bei denen sie Spaß an sozialem Austausch haben. Dieses Umfeld zu finden, ist für Hochbegabte sicherlich nicht immer leicht. Gleichzeitig brauchen viele hochbegabte Erwachsene häufig auch gar nicht so wahnsinnig viele enge Kontakte oder Bekannte, die Passung muss jedoch stimmen.

Auch nicht wenige Hochbegabte erzählen, dass sie sich zum Teil im Kontakt mit anderen zurückziehen oder Schwierigkeiten haben, da ihnen **Neid** entgegengebracht wird. Mitmenschen reagieren auf ihre oft guten Fähigkeiten und Ergebnisse mit Ablehnung, Anfeindungen oder gehen direkt in Konkurrenz, obwohl dies gar nicht die Intention der meisten Hochbegabten ist. Sie sind einfach so, wie sie sind, empfinden daher nichts Ungewöhnliches an ihrem Verhalten, Wissen oder Können und sind vielfach sehr erstaunt über diese äußerst negativen Reaktionen. Viele Hochbegabte wissen dann auch gar nicht damit umzugehen. Vor allem, da sie selber sich oder ihre Leistungen häufig gar nicht als besonders betrachten. Sie sehen das alles nicht als außergewöhnlich, beneidenswert und Neid hervorrufend an und können sich durch solch negative Reaktionen richtig vor den Kopf gestoßen fühlen. Sie wollen andere meist nicht neidisch machen oder in Konkurrenz gehen. Vielen Hochbegabten liegt dies sehr fern, und sie wissen nicht, wie sie sich anders verhalten sollen, weil sie ja in ihren Augen „normal" sind und sich „normal" verhalten. Auch hier hilft den Hochbegabten wieder das Wissen um ihre Hochbegabung und wie manche

Eigenschaften auf andere wirken können. Gerade Frauen scheinen von Anfeindungen stärker betroffen zu sein als Männer. Das kann jedoch auch ein subjektiver Eindruck sein. Eventuell berichten Frauen mehr darüber oder empfinden Konkurrenz unangenehmer als Männer. Gleichwohl haben viele Hochbegabte den Eindruck, dass sie andere einschüchtern. Vor allem akademische Titel und intellektuelle Hobbys scheinen andere abzuschrecken.

Sowieso ist die **Außenwirkung** von hochbegabten Erwachsenen sehr unterschiedlich und hat naturgemäß Auswirkungen auf das Zusammensein mit Mitmenschen. Zum einen berichten Hochbegabte, dass sie von anderen für arrogant, anstrengend oder anspruchsvoll gehalten werden. Zum anderen, dass sie von anderen hoch anerkannt und geschätzt werden, andere ihnen vertrauen und ihnen hohe soziale Kompetenzen zuschreiben. Auch Hochbegabte selber erleben das Zusammensein mit anderen sehr gegensätzlich. Einige sprechen davon, dass sie selber Probleme in sozialen Situationen haben und generell eher Schwierigkeiten mit anderen. Das macht sich dann zum Beispiel in einer hohen Konfliktdichte bemerkbar, sie ecken immer wieder an und erleben häufig Spannungen mit anderen. So empfinden manche wenig Integration in Gruppen und eher eine soziale Inkompatibilität. Andere wiederum sagen, dass sie sehr gut mit anderen Menschen klarkommen und ein sehr soziales Verhalten haben. Sie würden andere Personen gerne unterstützen, sich gerne für andere einsetzen, seien empathisch und genießen den Kontakt mit anderen und hätten keinerlei Probleme in diesem Bereich. Zwischen diesen zwei Polen gibt es sicherlich noch viele andere. Insgesamt lässt sich sagen, dass weder die Hochbegabten von sich selber sagen, dass sie alle besonders sozial kompetent oder sozial inkompatibel seien. Noch geht die Außenwirkung ausschließlich in eine der beiden Richtungen. Dies bestätigt wieder die Heterogenität der Gruppe der Hochbegabten.

Es gibt noch zwei weitere Aspekte, die im Umgang mit anderen häufig als Herausforderungen beschrieben werden: **Introvertiert sein** und **Unwohlfühlen in Gruppen**, wobei diese oft zusammenhängen und Unwohlfühlen in Gruppen eine Folge von introvertiert sein sein kann. Ein recht großer Teil der Hochbegabten in meiner Studie bezeichnet sich selber als introvertiert und führt dieses auch durchaus als schwierig im Kontakt mit anderen an. Introversion an sich ist ja nichts Ungewöhnliches, und sehr viele Personen würden sich selbst wohl als eher introvertiert bezeichnen. Denn zwischen den beiden Extremen Introversion und Extraversion sind die meisten Menschen Mischformen mit einer jeweils mehr oder weniger ausgeprägten Tendenz in eine Richtung. So gibt es sehr viele Personen, die das Persönlichkeitsmerkmal Introversion besitzen. Es wird geschätzt, dass dies ein Drittel bis die Hälfte der Bevölkerung betrifft.

Oft haben eher introvertierte Personen allerdings das Gefühl, sie seien in der Minderheit. Das liegt wohl darin begründet, das Extravertierte sich lauter und stärker bemerkbar machen und so mehr Aufmerksamkeit auf sich ziehen. Introvertierte Personen hingegen richten ihre Aufmerksamkeit stärker auf ihr Innenleben, bevorzugen oft eine ruhigere Umgebung und ziehen Energie daraus, auch mal für sich zu sein. Introversion sollte aber nicht mit Schüchternheit verwechselt werden, und Introvertierte sind ebenso wie Extravertierte sehr an Freundschaften, Bekanntschaften und sozialem Kontakt interessiert – nur meist auf eine andere Art und Weise. Während extravertierte Menschen Energie aus dem Miteinander mit vielen anderen Personen ziehen, kann dies für Introvertierte eher das Gegenteil bedeuten. Ihnen wird dadurch regelrecht Kraft entzogen. Das Zusammensein mit vielen anderen – vor allem unbekannten oder wenig vertrauten Personen – kann für sie anstrengend sein und ihnen Unbehagen bereiten. In großen Gruppen sind sie mehr Beobachter, verhalten sich still und zurückhaltend. Introvertierte Personen bevorzugen es, Zeit mit eher wenigen Freunden oder Bekannten zu verbringen.

Viele Hochbegabte beschreiben, dass sie sich in großen Gruppen unwohl fühlen und diese möglichst meiden. Ob dies immer auf Introversion zurückzuführen ist, ist fraglich. Denn es kann auch daran liegen, dass Hochbegabte mit anderen Personen und deren Gesprächsthemen nicht viel anfangen können und sich dadurch unwohl und deplatziert fühlen. So ist es für sie wieder vorteilhaft, das passende Umfeld und Gleichgesinnte zu suchen. Denn ob Hochbegabte Schwierigkeiten in sozialen Situationen haben oder nicht, hängt auch stark vom Umfeld ab, in dem sie sich befinden, und den vielen Vorerfahrungen jedes einzelnen. Hochbegabte lassen sich auch in diesem Aspekt nicht in eine Schublade stecken – und das ist den meisten auch sehr wichtig.

3.3.3 Soziale Kontakte, Freundschaften und Beziehungen

Viele hochbegabte Erwachsene berichten davon, keine nennenswerten Schwierigkeiten im Aufbau von **Freund- oder Bekanntschaften** zu haben und dass es keine Besonderheiten bei **sozialen Kontakten** gibt.

> *„Ich versuche, möglichst immer nett und freundlich zu sein, und komme mit den meisten Menschen sehr gut aus." (Martin, 39)*

„Ich halte mich für eine eher ‚normale' Hochbegabte, die in jedem Umfeld ganz gut klarkommt." (Katja, 44)

„Seit ich von meinem hohen IQ weiß, gehe ich gelassener mit anderen Menschen um. Das wirkt sich total positiv aus, und ich habe im Grunde keine Probleme mit anderen." (Jochen, 44)

„Bei mir ist es wie sicher bei vielen anderen Leuten auch. Mit Personen, die mit sich im Reinen sind, komme ich wunderbar aus." (Sabine, 53)

Andere hingegen beschreiben das genaue Gegenteil.

„Ich hatte in der Schule eigentlich gar keine Freundin und war die klassische Außenseiterin." (Sarah, 26)

„Ich finde es schwierig, ‚richtige' Freundschaften aufzubauen, weil mir die Themen nach dem ‚Kennenlern-Smalltalk' oft langweilig erscheinen." (Moni, 40)

„Im privaten Leben haben etliche Leute derart viel Respekt vor mir, dass sie sich nicht trauen, mich anzusprechen oder Kontakt zu mir zu pflegen." (Erika, 51)

„In emotionalen Fällen weiß ich zwar oft genau, was in meinem Gegenüber vorgeht, kann aber nicht gut taktvoll reagieren und fühle mich hilflos. Das macht es manchmal mit anderen schwierig." (Florian, 35)

„Ich habe grundsätzlich wenig für Smalltalk übrig, vor allem nicht mit fremden Menschen. Ich verspüre weitestgehend Desinteresse an den Leben anderer. Das geht soweit, dass ich manchmal Angst verspüre, jemandem zu nahe zu kommen, wenn ich dies im Vorhinein nicht beabsichtigt habe. Daher ist es schwerer, soziale Kontakte zu fremden Menschen zu knüpfen." (Mats, 19)

„Ich hatte es immer nicht so leicht, Freunde zu finden. Das ist auch häufig in Traurigkeit und Einsamkeit umgeschlagen.“ (Tom, 19)

Der Großteil der hochbegabten Erwachsenen sagt, dass sie eher wenige gute Freunde haben und generell wenige, dafür bewusst ausgesuchte Kontakte bevorzugen. Vielfach wird erwähnt, dass es sich für Hochbegabte etwas schwieriger gestaltet, Personen mit ähnlichen Interessen und Werten zu finden. Oder Menschen, die ähnlich „ticken“ oder sie so akzeptieren und lassen, wie sie sind. Um herauszufinden, ob es mit dem anderen passt, hat jeder auch seine eigene Strategie.

„Bei neuen Bekanntschaften bin ich zuerst eher zurückhaltend und beobachte, was für ein ‚Typ‘ der andere ist. Auf diese Weise versuche ich abzuschätzen, ob eine Basis für ein tieferes Interesse aneinander besteht. Zu der Strategie gehört auch, dass ich ‚unbedenkliche‘ Dinge über mich preisgebe. Das funktioniert für mich besser, als die Leute auszufragen, ‚wie‘ oder ‚wer‘ sie sind, weil ich immer eine Reaktion auf meine Berichte erhalte.“ (Maja, 46)

„Ich bin so, wie ich bin. Entweder das passt dem anderen oder nicht. Wenn nicht, dann passt das auch mit uns nicht.“ (Georg, 47)

„Im Laufe der Jahre habe ich gelernt, geduldiger zu sein. Auch wenn ich anfänglich vielleicht denke ‚mit dem komme ich nie auf einen gemeinsamen Nenner‘, versuche ich, mehr und mehr abzuwarten. Denn irgendwie muss man ja anfangen und meine anderen Freundschaften haben sich auch erst mit der Zeit entwickelt.“ (Simone, 63)

Die meisten hochbegabten Erwachsenen scheinen sich darin einig zu sein, dass sie sich in einem intelligenten Umfeld wohler fühlen. Sie sind dann mehr unter Ihresgleichen, finden schneller Gesprächsthemen, eine gemeinsame Ebene, was Art und Tempo der Kommunikation angeht, und fallen auch weniger auf. So suchen viele gezielt Gelegenheiten, bei denen sie auf ähnlich begabte oder gebildete Personen treffen. Manche haben erst im Kreis von anderen Hochbegabten erfahren, wie es ist, sich – auch unter zunächst fremden Menschen – wohl- und verstanden zu fühlen. Gleichwohl sind andere Hochbegabte kein Garant hierfür. Es gibt auch genügend Hochbegabte, die sagen, dass sie mit anderen Hochbegabten zum Beispiel bei Hochbegabten-Treffen nur bedingt etwas anfangen können. Viel verbindender können gemeinsame Interessen, Hobbys, Werte und Weltanschauungen sein.

Dennoch, für viele Hochbegabte jeden Alters können andere Hochbegabte oder ähnlich begabte Personen ein wahrer Segen sein und ihnen lang ersehnte Freund- und Bekanntschaften ermöglichen. Das große Problem hierbei ist nur, die anderen zu finden. Denn wenn diese auch ihre Begabungen verstecken und versuchen, sich möglichst unauffällig und angepasst zu verhalten, ist es nahezu unmöglich, sie zu identifizieren. Hochbegabte können sich dann untereinander nur schwer finden und sind voneinander getrennt. Frauen sind hiervon meist noch stärker betroffen als Männer. Mädchen und Frauen wird nach wie vor eher nahegelegt, wie sie aussehen oder sich verhalten sollen als wie sie ihr Potenzial entfalten oder ihre Talente zeigen können. Wenn Mädchen und Frauen intelligent sind, wird das meist begrüßt, aber zu sehr zeigen sollen sie dies häufig bitte nicht. Wenn Mädchen und Frauen also nur bedingt dazu ermutigt werden, ihrer Intelligenz und ihren Fähigkeiten Ausdruck zu verleihen, ist dies für sie und andere oft nicht sichtbar. Daher ist es für intelligente Frauen schwieriger sich gegenseitig ausfindig zu machen.

Wer in einer größeren Ortschaft oder in der Nähe einer größeren Stadt wohnt, kann zu Hochbegabten-Treffen gehen und hoffen, da auf passende Mitmenschen zu treffen. Wer hierzu keine Möglichkeit hat, kann natürlich auch in entsprechenden Foren und Gruppen im Internet Gleichgesinnte suchen. Gleichzeitig gibt es sicher im eigenen Umfeld noch die ein oder andere ähnlich begabte und passende Person, nur ist es eben unter den beschriebenen Umständen schwierig, diese ausfindig zu machen.

Ein weiterer Punkt, der es manchen Hochbegabten erschwert, Freundschaften zu schließen, ist, dass viele Hochbegabte sehr hohe Ansprüche an Freundschaften stellen. Zuverlässigkeit, Ehrlichkeit und Loyalität haben für sie zum Teil einen sehr hohen Stellenwert. Diesen hohen Ansprüchen gerecht zu werden, ist für andere nicht immer leicht, und so werden Freundschaften durchaus länger geprüft, bis sie der Hochbegabte auch als eine solche einstuft. Auch wenn einige Hochbegabte im Laufe des Lebens einige negative Erfahrungen in puncto Freundschaft gemacht haben, dürfen sie es mit dem Überprüfen der

Freundschaft und ihren Ansprüchen nicht übertreiben. Andere Menschen sehen einige Dinge vielleicht lockerer als sie selber, haben aber, was die Grundwerte der Freundschaft und die Verlässlichkeit angeht, gleiche Ansichten. Für manche Hochbegabte löst sich das Problem der hohen Ansprüche an Freundschaften, denen zuweilen kaum eine einzelne Person gerecht werden kann, indem sie verschiedene Freunde für verschiedene Aktivitäten und Themen haben. Nicht jeder Freund muss für jede Situation gleich gut geeignet sein. Das kann auf beiden Seiten entlastend sein.

Beim Thema **Partnerschaften** tauchen bei Hochbegabten naturgemäß ähnliche Aspekte auf wie beim Thema Freundschaften. Wie auch dort erleben Hochbegabte diesen Lebensbereich äußerst unterschiedlich. So gibt es die hochbegabten Erwachsenen, die diesbezüglich von keinen größeren Problemen berichten. Es gelingt ihnen im normalen Rahmen gut, einen passenden Partner zu finden, und sie erleben ihre Partnerschaft größtenteils als schön, bereichernd und unterstützend. Ein großer Teil der Hochbegabten erzählt jedoch von Schwierigkeiten bei der Partnersuche oder beim Aufrechterhalten von Partnerschaften. Sie berichten zum Beispiel, dass es sehr schwierig bis unmöglich sei, einen Partner zu finden, oder von Spannungen und Ungleichgewicht innerhalb der Beziehungen.

> *„Partnerschaft nicht möglich, da zwar meine Intelligenz geschätzt und gerne ‚benutzt' wird, ich aber im zwischenmenschlichen Bereich klein gehalten werden sollte, was auf Dauer dann doch meine Gegenwehr hervorruft." (Gerda, 54)*

> *„Privat habe ich lange mit meiner Hochbegabung gehadert, da es unmöglich schien, einen adäquaten Partner zu finden. Das hat sich aber vor vier Jahren erledigt." (Claudia, 44)*

> *„Weit über ein Dutzend Beziehungen zu Frauen sind – für mich oft völlig überraschend – in den ersten Wochen/Monaten zerbrochen. Wenn überhaupt ein Feedback seitens der Frauen kam, dann hieß es bspw. ich sei so ‚klug', ‚gebildet', würde ‚durchdringend gucken' usw." (Rolf, 62)*

„Wenige enge Beziehungen, weil es niemanden gibt, bei dem ich mich uneingeschränkt ‚zu Hause' fühle. Meist das Gefühl, dass immer irgendwas von mir auf der Strecke bleibt." (Simon, 49)

„Vielleicht wäre ich mit einem schlechteren Gedächtnis und weniger Intellekt noch verheiratet, aber das ist natürlich reine Spekulation." (Frank, 47)

Dessen ungeachtet berichten nicht wenige hochbegabte Erwachsene, dass es nach zum Teil längeren Schwierigkeiten, einen passenden Partner zu finden, plötzlich ganz schnell ging. Oft haben sie durch Zufall jemanden kennengelernt, mit dem es auf Anhieb passte, direkt alles Wichtige abgeklopft wurde und dann schnell die nächsten Schritte wie zum Beispiel Zusammenziehen, Heirat oder Familienplanung erfolgten. Das Thema Schnelligkeit, was Hochbegabte auch in anderen Bereichen auszeichnet, scheint bei einigen auch die zwischenmenschlichen Beziehungen zu betreffen. Natürlich muss der Partner dieses Tempo mitgehen können. Wenn dies nicht der Fall ist, ist die Beziehung wahrscheinlich so rasant beendet, wie sie angefangen hat. Die Schnelligkeit und auch Intensität von einigen Hochbegabten kann andere überfordern und dadurch abschrecken.

Hochbegabte bevorzugen meist ähnlich begabte Partner, wobei diese nicht zwingend hochbegabt sein müssen. Vielmehr scheint es darum zu gehen, einen Partner auf Augenhöhe zu finden. Das muss nicht immer jemand mit ähnlicher kognitiver Ausstattung sein. Der Partner kann auch eine hohe Begabung im sozialen oder emotionalen Bereich aufweisen oder besondere alltagspraktische Fähigkeiten besitzen und so den Hochbegabten vielleicht gut ergänzen. Wichtig ist langfristig, dass der Hochbegabte seinen Gegenüber als ebenbürtig wahrnimmt. Hochbegabte wollen sich gefordert und ausgelastet fühlen. Jemand, mit dem sie „machen können, was sie wollen", verliert langfristig an Reiz – allerdings ist dies ja bei den meisten Personen der Fall.

Gleichzeitig ist ihnen das Gefühl, emotional angekommen zu sein und angenommen zu werden, sehr wichtig. Sie wollen – wie alle anderen Menschen auch – wertgeschätzt und geliebt werden, so wie sie sind. Bei manchen Hochbegabten kann dieses Bedürfnis allerdings stärker ausgeprägt sein. Die Angst vor Zurückweisung kann größer sein als bei vielen anderen Menschen, da sie diese schon (zu) oft in ihrem Leben erlebt haben und vielleicht erhebliche Selbstzweifel entwickelt haben. Das Gefühl des Anders- oder Nicht-richtig-

Seins führt dazu, dass sie gegebenenfalls länger brauchen, um sich anderen zu öffnen und sich von ihnen geliebt zu fühlen. Der Partner muss hier Geduld und Verständnis mitbringen. Und manchmal ist es für den Partner vielleicht nicht so leicht, diese für andere zum Teil kaum nachvollziehbaren Selbstzweifel zu verstehen, den Hochbegabten dann zu bestärken und zu unterstützen. Denn wieso sollten Hochbegabte Selbstzweifel haben? Sind Zweifel nicht eher etwas für weniger begabte Menschen und bräuchten diese nicht eher Unterstützung? Das sind Gedanken, die dann manchem durch den Kopf gehen können.

Viele hochbegabte Erwachsene wünschen sich als Partner einerseits Personen, die liebevoll und unterstützend sind, ihre Eigenheiten akzeptieren und sie so lassen, wie sie sind, und andererseits Menschen, die gefestigte und starke Personen sind und eine Beziehung auf Augenhöhe bieten. Sie haben oft an Partnerschaften wie auch an Freundschaften hohe Ansprüche, und so ein Gesamtpaket ist meist nicht auf Anhieb zu finden. Auch können sich Prioritäten und Vorlieben im Laufe der Jahre verändern, und zudem hat jeder seine ganz individuellen Vorstellungen von einer guten Partnerschaft. So kann es zuweilen länger dauern, den passenden Partner zu finden. Allerdings geht dies natürlich nicht nur Hochbegabten so, sondern allen Menschen. Patentrezepte und Tipps bei diesem äußerst individuellen Thema zu geben, ist quasi unmöglich. Auch gibt es kaum Forschung zum Thema „Hochbegabung und Partnerschaften". Hier besteht eine noch zu schließende Lücke, und auch in meiner Befragung haben sich die Teilnehmer zu diesem Thema sehr zurückgehalten. Mehr Erkenntnisse hierzu wären sicher wünschenswert, da das Thema Partnerschaft viele Hochbegabte umzutreiben scheint.

3.3.4 In der Familie

Das familiäre Umfeld ist für jeden prägend. Hier werden die ersten wichtigen Erfahrungen gemacht und der Grundstein für vieles im weiteren Leben gelegt. Folglich ist es für jeden entscheidend, inwieweit er sich in seiner Familie aufgehoben und geliebt fühlt. Für hochbegabte Kinder ist dies besonders wichtig. Denn es kommt ja nun auch vor, dass einige von ihnen im Laufe des Lebens Ablehnung und Unverständnis ihrer Person gegenüber erfahren. Wer da nicht in der Familie einen (großen) Rückhalt verspürt, kann schnell unsicher werden, an sich und seiner Wahrnehmung zweifeln. Im ungünstigsten Fall beginnt eine Abwärtsspirale mit verheerenden Folgen. Diese Auswirkungen abzupuffern oder zu beheben, kann viel Zeit, Kraft und Energie kosten – sofern dies überhaupt gelingt. Sicher nimmt nicht für alle hochbegabten Kinder das Leben einen solchen Verlauf, aber eben doch für eine nicht unerhebliche Zahl, und dies könnte in vielen Fällen vermieden werden.

Natürlich ist der Alltag mit einigen hochbegabten Kindern für ihre Eltern und ihr nahes Umfeld nicht immer einfach. Hochbegabte Kinder können ihrem Umfeld einiges abverlangen. Manche sind durch ihre große Neugier, vielen Fragen und ihr zum Teil intensives Wesen durchaus sehr anstrengend. Und jeder reagiert anders auf ihre Besonderheiten.

Einige Eltern sind da überfordert und wissen zuweilen nicht, was sie machen sollen. Vor allem wenn das hochbegabte Kind die einzige hochbegabte Person in seinem Umfeld ist, kann es für das Kind und die anderen sehr schwierig sein. Den Eltern erscheint ihr Kind wahrscheinlich so anders als sie selber, die Geschwister oder andere Personen im Umfeld. Dadurch fällt es ihnen schwer, sich in das hochbegabte Kind sowie seine Situation hineinzuversetzen und angemessen zu verhalten. Es kann zu großen Missverständnissen kommen, und die Eltern oder das Umfeld können annehmen, mit dem Kind stimme etwas nicht. Dies müsse dann behoben werden, so dass das Kind am Ende „normal" wird. Wenn dem hochbegabten Kind dann über einen langen Zeitraum direkt oder indirekt vermittelt wird, es sei nicht „normal" bzw. „richtig", und verlangt wird, dass es doch bloß anders, vermeintlich „normal" sein soll, hat das meist gravierende Auswirkungen auf sein Selbstverständnis und Selbstbewusstsein. So wird das hochbegabte Kind durch die permanenten Botschaften der anderen zutiefst verunsichert. Es lernt, dass seine Wahrnehmung und es selbst „falsch" sind, und versucht, sich stark an den anderen zu orientieren, so zu verhalten und zu sein wie die vermeintlich „Normalen". Am Ende verliert das Kind dadurch den Kontakt zu sich und seinem Bauchgefühl. Es kann sich selbst und die eigenen Bedürfnisse vielleicht nicht mehr spüren und auch nicht mehr dementsprechend handeln. Gleichzeitig kann es sein, dass es wahrnimmt, dass etwas nicht stimmt und sich nicht stimmig anfühlt, aber es weiß nicht, was. Denn auch wenn es sich so sehr bemüht, so zu sein wie die anderen, ist es am Ende doch anders. Meist merkt dies das Kind – und die anderen merken es auch. Das hochbegabte Kind oder der hochbegabte Jugendliche empfindet sich weiterhin als anders. Und dieses „anders" wird meist vom Hochbegabten nicht als „anders", sondern als „falsch" gedeutet. Ein geringes Selbstwertgefühl und wenig Selbstbewusstsein sind in solch einer Situation quasi vorprogrammiert. Vom Entdecken, Entwickeln und Ausleben der eigenen Begabungen ganz zu schweigen. Durch diese Negativspirale können später weitere schwer zu ertragende Herausforderungen wie Depressionen oder anderes hinzukommen.

Auch können die Hochbegabten selbst glauben, dass sie an zum Teil schwerwiegenden (seelischen) Störungen oder Auffälligkeiten leiden, weil sie ja so anders sind. Für manchen Hochbegabten beginnt dann eine zuweilen jahre- oder jahrzehntelang andauernde Suche nach Erklärungen und Lösungen. Nicht wenige suchen Therapeuten und Psychologen auf. Viele hochbegabte Erwachsene machen jedoch die Erfahrung, dass dies manchmal nicht den gewünschten Erfolg bringt. Teilweise merken sie im Nachhinein, dass das Thema Hochbegabung auch hier nicht ausreichend bekannt ist und so ein entscheidender Aspekt ihrer Persönlichkeit nicht beachtet wurde. Gegenteilige Erfahrungen gibt es natürlich auch. Oft stoßen Hochbegabte aber durch Zufall auf das Thema Hochbegabung. Dies wird meistens später – nach einer anfänglichen Unsicherheit, ob das wirklich auf sie zutrifft – als erleichternd empfunden. Bis jedoch alles durchdrungen, verstanden und in das eigene Leben sowie die eigene Persönlichkeit integriert ist, ist es meist ein langer und nicht selten tränenreicher Weg.

Auch wenn das hochbegabte Kind nicht die einzige sehr intelligente oder hochbegabte Person in seinem Umfeld ist und die Eltern sich nach allen Kräften bemühen, werden sie dem Kind dennoch nicht immer gerecht. Nicht zwangsläufig ist die Folge das oben beschriebene Negativ-Szenario. Jedoch kann auch eine abgemilderte Variante dessen sehr belastend und traurig für die betreffende Person sein. So kann es länger dauern, bis derjenige seinen persönlichen und beruflichen Platz in der Welt gefunden hat.

Sicher können Eltern nicht immer alles richtig machen, auch wenn sie sich – egal ob hochbegabt oder nicht – darum bemühen. Viele hochbegabte Erwachsene berichten jedoch, dass sie generell Familien mit weiteren sehr intelligenten oder hochbegabten Familienmitgliedern als Vorteil empfinden. Hier ist das hochbegabte Kind nicht die einzige überdurchschnittlich begabte Person und fällt eventuell nicht weiter auf. Im Idealfall hat das Kind dadurch Verbündete und Gleichgesinnte. Und so wäre die Wahrscheinlichkeit, sich zumindest im familiären Umfeld automatisch „normal" und zugehörig zu fühlen, recht hoch. Eine Garantie hierfür bietet natürlich keine Familie. Auch hochbegabte Familienmitglieder untereinander können so unterschiedlich sein, dass sie am Ende gar nicht so viel miteinander anfangen können.

Wichtig ist – egal ob intelligentes Umfeld oder nicht –, dass Hochbegabte Unterstützung und Verständnis erleben. Eltern, die die Neugier der Kinder wecken und unterstützen, ihre Experimentierfreude begrüßen und ertragen können, sind von Vorteil. Aber vor allem sollen eventuelle Besonder- oder Eigenheiten respektiert und akzeptiert werden. Wie bei allen anderen Kindern sind aufmerksame, liebevolle Eltern und stabile familiäre Verhältnisse positiv. Hilfreich sind zudem Eltern, die sich mit Hochbegabung auskennen und damit umgehen können. Dazu gehört nicht nur, die Kinder in ihrer eventuellen Besonderheit zu akzeptieren, sondern auch sie zu fördern, ohne gleichzeitig zu überfordern oder gar zur Schau zu stellen. Denn hochbegabte Kinder sind eben auch Kinder, die die gleichen Grundbedürfnisse haben wie alle anderen auch. Und die sich in ihrer emotionalen und körperlichen Entwicklung durchaus nicht von anderen Kindern unterscheiden. Nur weil sie kognitiv ihren Altersgenossen voraus sind, dürfen sie nicht auf anderen Gebieten überfordert werden. Diesen Spagat hinzubekommen, ist für Eltern und Bezugspersonen nicht immer leicht.

Und auch für bereits erwachsene Hochbegabte ist es in ihren Familien zuweilen nicht einfach. Wie in anderen Familien auch bleiben manchmal die Verhaltensweisen und Rollen der Familienmitglieder ähnlich, selbst wenn jemand vielleicht schon lange kein Kind mehr ist. Zudem reagieren nicht alle Familienangehörigen positiv auf die „Diagnose“ Hochbegabung. Das erwünschte Verständnis bleibt dann vielleicht (dauerhaft) aus.

Neben diesen eher herausfordernden, anstrengenden und durchaus traurigen Beschreibungen gibt es auch viele Hochbegabte, die gegenteilige Erfahrungen gemacht haben. Hochbegabte, die sich in ihren Familien sehr geliebt und geborgen fühlen. Die sich nicht anders als andere oder gar „falsch“ fühlen. Denen Unterstützung und Verständnis entgegengebracht wurde oder wird. Familien, in denen die „Diagnose“ Hochbegabung zu mehr Klarheit und einem besseren Miteinander beigetragen hat.

Egal ob in der Familie, im engen Freundes- oder erweiterten Bekanntenkreis, Hochbegabte möchten so genommen werden, wie sie sind. Die meisten wünschen sich von ihren Mitmenschen vor allem Akzeptanz und Wertschätzung sowie ein tolerantes Umfeld, das Vielfalt schätzt und Miteinander fördert. Für viele hochbegabte Erwachsene ist es auch wichtig, dass enge Bezugspersonen wie zum Beispiel der Partner oder die Familie sich mit Hochbegabung auskennen und damit umgehen können. Denn sie möchten, dass diese Personen besondere Eigenheiten verstehen können. Darüber hinaus bevorzugen viele ein stabiles und gleichbleibendes soziales Umfeld.

Anregungen für ein möglichst reibungsloses Zusammensein mit anderen in Kürze:

Anpassen und/oder Ausleben:

- Persönlichkeit und Fähigkeiten nicht dauerhaft unterdrücken, Möglichkeiten zum Ausleben suchen
- Bei anderen Hochbegabten oder guten Bekannten sich mehr zutrauen, Begabungen zeigen
- Differenzieren, je nach Umfeld Fähigkeiten zur Geltung kommen lassen
- Wenn nötig, sich bewusst und möglichst selbstbestimmt anpassen, sich Vorteile der Anpassung bewusst machen, jedoch dauerhaft keine Anpassung um jeden Preis
- Nach zu viel Anpassungsleistung, Zeit für sich nehmen, wieder Kraft tanken
- Kontakt zu anderen Hochbegabten oder Gleichgesinnten suchen, um sich nicht verstellen zu müssen
- Wertschätzendes, verständnisvolles, wenig konkurrierendes Umfeld suchen
- „Sowohl-als auch-Taktik": sich Rückzug erlauben, aber nicht so viel, dass es in Einsamkeit mündet; lieber weniger, aber qualitativ hochwertige Kontakte pflegen

Ungeduld und andere Herausforderungen:

- Sich eigene Schnelligkeit und Ursache für Ungeduld bewusst machen
- Auch mal in Geduld üben, nicht „überall auf die Tube drücken" und dabei auf Tonfall achten
- Vorteile von anderer, ggf. langsamerer Art sehen und diese respektieren
- Umfeld mit ähnlicher (Denk-)Geschwindigkeit suchen
- Sich der eigenen Hochbegabung und dadurch möglichen Eigenheiten und Außenwirkung bewusst sein und Reaktionen anderer unter diesem Aspekt sehen, nicht alles nur auf eigene Persönlichkeit beziehen und „zu persönlich" nehmen
- Eigenes eventuelles Introvertiertsein berücksichtigen und lieber wenige, „hochwertige" Kontakte suchen als sich „zwingen", extrovertierter zu sein

Soziale Kontakte, Freundschaften und Beziehungen:

- Gleichgesinnte und ähnlich begabte Personen suchen, diese sind gute Voraussetzung dafür, sich auch unter fremden Menschen wohl- und verstanden zu fühlen
- Ansprüche an Freundschaften im realistischen Rahmen halten und zwischendurch mal überprüfen
- Sich Geduld bei Partnersuche bewahren – auch wenn das nicht immer leicht ist. Den „richtigen“ Partner für einen Hochbegabten zu finden, benötigt manchmal Zeit.
- Andere/Partner ggf. nicht mit eigener Schnelligkeit und Intensität überfordern
- Langfristig eher nach Partner auf Augenhöhe Ausschau halten (dieser muss nicht unbedingt hochbegabt sein)
- Bei Selbstzweifeln hilft verständnisvoller/unterstützender Partner, Selbstzweifel und deren Ursache erklären/verständlich machen

In der Familie:

- Besonderheiten des hochbegabten Kindes akzeptieren und respektieren
- Verständnis für Eigenheiten aufbringen, diese im Idealfall begrüßen
- Hochbegabtes Kind unterstützen
- Aufmerksame, liebevolle Eltern
- Sich als Eltern über Hochbegabung informieren und lernen, damit umzugehen
- Kinder fördern und fordern, aber nicht überfordern oder „zur Schau stellen“
- Bedenken, dass eventuell nur die kognitive Entwicklung beschleunigt ist und die emotionale sowie körperliche Entwicklung altersgerecht (oder auch verzögert) sein kann
- Beachten, dass eventuell nicht jedes Familienmitglied positiv auf Hochbegabung reagiert
- Ggf. nach intelligenten, hochbegabten oder ähnlich begabten Familienmitgliedern Ausschau halten, um „Verbündete“ zu haben
- Nicht alle familiären Reibungspunkte sind in Hochbegabung begründet

3.4 Besonderheiten bei der Arbeit und beim Lernen

„Ich bin eigentlich immer gerne arbeiten gegangen, und das ist auch nach wie vor so. Seit frühen Kindertagen interessiere ich mich für alles, was mit Technik zu tun hat, und bin auch beruflich in diesen Bereich gegangen. Komplexe technische Fragen machen mir einfach wahnsinnig Spaß. Bei solchen Herausforderungen blühe ich geradezu auf und vertiefe mich gerne in knifflige Fragestellungen.

Da ich mich im Laufe der Jahre ziemlich spezialisiert habe, arbeite ich relativ autark. So habe ich wenig Leute, die mir reinreden und auf die Finger schauen. Das ist natürlich sehr angenehm. Die meisten meiner Kollegen sind echt ok. Sicherlich gibt es zwischendurch auch mal Stress. Man kommt ja nicht mit jedem gut klar, aber das ist überall so. Da wir in einem ziemlich anspruchsvollen Bereich tätig sind, bin ich von vielen sehr intelligenten Menschen und wohl vielen Hochbegabten umgeben. Das trägt zu einem speziellen Arbeitsklima mit hohem Arbeitstempo und -niveau bei, was mir absolut liegt.

Insgesamt hatte ich wahrscheinlich aber auch öfter mal Glück, zum richtigen Zeitpunkt am richtigen Ort gewesen und von den passenden Menschen umgeben zu sein, die mich unterstützt und gefördert haben. Wenn ich da einige in meinem Bekanntenkreis sehe, bei denen es nicht so gut gelaufen ist, muss ich sagen, dass Glück definitiv auch dazugehört." (Wolfgang, 61)

Bei der Arbeit und beim Lernen zeigen sich die Besonderheiten und Auswirkungen von Hochbegabung zuweilen sehr deutlich. Fast jeder hochbegabte Erwachsene kann von Arbeits- oder Lernsituationen in seinem Leben berichten, die aufgrund der Hochbegabung irgendwie anders oder außergewöhnlich waren – im positiven wie auch negativen Sinn oder eben einfach „anders" als bei anderen. Manchmal habe ich den Eindruck, dass der Bereich der Arbeit der ist, in dem die Unterschiede zwischen Hochbegabten und Normalbegabten am deutlichsten sichtbar werden. Vielleicht ist dies so, weil man sich bei der Arbeit die Rahmenbedingungen und anderen Personen meist weniger aussuchen kann als im privaten Bereich. So können diese dann weniger passend sein. Und auch innerhalb der Gruppe der Hochbegabten sind die Erfahrungen und Emotionen bei den Themen Arbeiten und Lernen enorm weitgefächert. Gleichzeitig lassen sich auch hier – trotz völlig unterschiedlicher schulischer und beruflicher Laufbahnen sowie gegensätzlicher Erfahrungen – gemeinsame Bedürfnisse und immer wiederkehrende Themen entdecken. Den am häufigsten auftretenden Gemeinsamkeiten widmet sich dieses Kapitel.

Vor allem eher späterkannte Hochbegabte kann das Thema Hochbegabung und Beruf sehr beschäftigen. Denn viele von ihnen sagen, dass sie vielleicht einen anderen Weg eingeschlagen, manche Dinge anders gemacht oder sich anderes zugetraut hätten, hätten sie früher von ihrer Hochbegabung gewusst. Mit Entdecken der eigenen Hochbegabung beginnt vielfach ein Prozess des Bilanzierens und des Überdenkens von eigenen Entscheidungen und Lebenswegen. Bei vielen steht dann auch der berufliche Weg auf dem Prüfstand. Wenn das Ergebnis nicht so positiv ausfällt, kommen oft Gefühle von Wut und Trauer auf. Diese gilt es erst mal zu verarbeiten und zu verdauen. Das kann viel Zeit und Energie in Anspruch nehmen. Ist derjenige später nicht mehr in diesen Gefühlen gefangen, trauert er nicht mehr verpassten Chancen nach, und hat er noch einige Zeit im Berufsleben vor sich, will er ab jetzt vielleicht alles „besser", alles „richtig" machen. Er möchte endlich sein Potenzial freisetzen und den passenden, „perfekten" Job finden. Das ist äußerst verständlich und gleichzeitig eine große Aufgabe und vielleicht sogar Bürde. Denn gelingt ihm das nicht (schnell genug) – trotz Hochbegabung – sind Enttäuschung und Selbstzweifel am Ende groß. Leider muss auch in diesem Gebiet ausreichend Geduld aufgebracht werden, was ja nicht unbedingt die Stärke von Hochbegabten ist. Aber die Geduld und Mühen lohnen sich in der Regel. Wenn dem Prozess der Umorientierung oder Neuausrichtung genügend Zeit eingeräumt wird, die eigene berufliche Situation systematisch – vielleicht auch mit professioneller Unterstützung – sortiert wird, werden mögliche Optionen sichtbar. Das ist die Grundlage, um für sich stimmige Entscheidungen zu treffen, Veränderungen selbstbestimmt gestalten und bewältigen zu können.

3.4.1 Leistung, Wissen und Schnelligkeit

Viele Hochbegabte haben im Vergleich zu vielen anderen Personen ein breitgefächertes und recht umfangreiches Wissen. Denn sie sind meist vielseitig interessiert, neugierig und gehen gerne ins Detail. Auch kommt ihnen hier ihre gute Merkfähigkeit und hohe Auffassungsgabe zugute. So durchdringen Hochbegabte rasch neue und komplexe Themen und können zum Teil als Neuling schnell mit Profis auf Augenhöhe kommunizieren. Häufig erzielen sie auch gute Ergebnisse ohne allzu großen Aufwand oder ohne dass sie für diese Themen ein ausgeprägtes Interesse haben.

Vielen von ihnen fällt all dies gar nicht auf. Für sie ist das normal. Denn sie kennen es ja von sich nicht anders. Wie wir schon in vorangegangenen Kapiteln gesehen haben, denken Hochbegabte eher von sich, dass sie nicht über so viel Wissen verfügen und durchschnittliche bis zuweilen unterdurchschnittliche Leistungen erzielen, weil sie – zumindest gefühlt – vielleicht gar nicht so viel dafür getan haben oder kein Experte auf einem bestimmten Gebiet sind. Ihnen ist eher bewusst, was sie alles noch nicht wissen oder können. Ihre Weitsicht und Vielseitigkeit steht ihnen hier im Weg.

Anderen Hochbegabten ist sehr wohl klar, dass sie über außergewöhnliche Kenntnisse verfügen. Oft ist dies der Fall, wenn sie ein oder mehrere Spezialgebiete haben, in denen sie sich gut auskennen. Sich hier auf hohem Niveau und mit anderen Experten auszutauschen, bereitet den meisten große Freude. Aber auch wenn jemandem seine Fähigkeiten bewusst sind, kann das Gefühl aufkommen, diese noch nicht optimal einzusetzen.

> *„Ich bin als Experte sehr gut, verkaufe mich aber unter Wert." (Sebastian, 42)*

> *„Mir persönlich fällt es, früher im Studium und jetzt bei der Arbeit, leicht, mich (selbstständig) in Themen einzuarbeiten. Bemerkbar macht sich das allerdings weder in überdurchschnittlichen Studienleistungen noch in einer überdurchschnittlichen Performance im Job, sondern lediglich in einem reduzierten Stresslevel (da ich mich im Vergleich zu anderen eventuell seltener überfordert fühle)." (Chris, 30)*

> *„Ich habe wirklich eine schnelle Auffassungsgabe und lerne ohne großen Aufwand. Daraus resultiert allerdings ein gewisses Frustrationsrisiko, falls man etwas nicht gleich schafft. Das habe ich noch nicht richtig im Griff ☺." (Paul, 19)*

Bei manchen hochbegabten Erwachsenen führt die Fähigkeit, relativ problemlos gute Leistungen erbringen zu können, dazu, dass sie auch bei der Arbeit erst mit viel Druck und auf den letzten Drücker aktiv werden. Das kann im Job zu sich abwechselnden Zeiten großer Langeweile und großen Stresses führen, wobei der Stress nicht unbedingt als negativ empfunden werden muss. Die Langeweile hingegen stellt für viele Hochbegabte meist das größere Problem dar.

Scheinbar recht problemlos gute Ergebnisse zu erzielen und über umfangreiches Wissen zu verfügen, kann beim Gegenüber im beruflichen Kontext ganz unterschiedliche Reaktionen hervorrufen. Einige Personen nehmen es positiv auf, fragen den Hochbegabten bei Bedarf um Rat und nutzen seine Kenntnisse. Andere wiederum fassen es als Besserwisserei und Profilierung auf. Da der Hochbegabte dies in der Regel nicht beabsichtigt, ist er von so einer Reaktion oft überrascht, und viele wissen nicht damit umzugehen. Die Folge ist häufig, dass derjenige sich zukünftig zurückhält, um nicht wieder ungerechtfertigt angefeindet zu werden. So behält er wertvolle Ideen und Beiträge für sich, was letztendlich für beide Seiten ungünstig ist.

> *„Manche Leute nehmen es mir übel, dass ich viel weiß. Inzwischen habe ich es mir abgewöhnt, mein Wissen mitzuteilen, es sei denn, jemand fragt mich. Dann achte ich aber darauf, dass niemand anders mithört. Ich hasse es, als ‚Professor‘ tituliert zu werden.“ (Miriam, 49)*

> *„Viel Wissen macht auch nicht unbedingt Freunde. Oft halte ich den Mund, um nicht als ‚Klugscheißer‘ zu wirken.“ (Edith, 48)*

> *„Frei nach dem Motto ‚Ich weiß alles, sag aber nichts‘.“ (Tom, 25)*

> *„Manchmal gebe ich mich bewusst begriffsstutzig und stelle eine dumme Frage zwischendurch. So ist es irgendwie einfacher mit den Kollegen.“ (Stephan, 45)*

> *„Ich verzichte inzwischen darauf, bei jeder Frage Klarheit herbeizuführen. Hat mir in der Vergangenheit mehr Ärger als alles andere eingebracht.“ (Eike, 56)*

Sein Wissen aus Angst vor Anfeindungen oder Missverständnissen für sich zu behalten, ist in manchen Situationen oder bei manchen Personen sicher eine kraftsparende Strategie. Andererseits kann dieses Sichzurückhalten auch viel Energie kosten. Zu überlegen, wann und wo ich mich zurücknehmen oder anpassen muss, nicht so sein darf wie ich bin, ist anstrengend und sehr unbefriedigend. Und am Ende gehen hilfreiches Wissen und gute Ideen dabei verloren.

Viele Hochbegabte machen sich also durch ihr sehr gutes (Detail-)Wissen und ihre Fähigkeit, wenig Fehler zu machen (oder diese schnell zu beheben) sowie gründlich zu arbeiten und dann meist oft überdurchschnittliche Leistungen zu erbringen, nicht gerade Freunde in Arbeits- und Ausbildungssituationen. Erschwerend kommt häufig hinzu, dass diese guten Leistungen im Vergleich zu den Kollegen relativ problemlos und mit überschaubarem Zeitaufwand erreicht werden.

Gerade die Schnelligkeit, in der gute Arbeitsergebnisse erzielt werden, kann ein echtes Problem darstellen. Mehrere Aspekte können hier auftreten. Manche fühlen sich beispielsweise in der Rolle des Vorgesetzten unter Druck gesetzt, den Mitarbeiter immer wieder und schneller mit Aufgaben zu „füttern“. Wieder andere Chefs oder Kollegen glauben dem Hochbegabten nicht, die Arbeit in der kurzen Zeit erledigt zu haben, und halten ihn für einen Lügner oder zumindest für suspekt. Gleichzeitig langweilt sich der Hochbegabte schnell, wenn er die Arbeit rasch beendet hat, und weiß vielleicht nichts mehr mit seiner Zeit anzufangen. Als Folge kann er unzufrieden und unkonzentriert werden, was wiederum zu verschlechterter Arbeitsleistung führen kann. So können sich Chef und Kollegen bestätigt fühlen, dass die Arbeit eben nicht in so kurzer Zeit erledigt werden kann. Wenn der Hochbegabte keinen Leerlauf haben möchte und nach mehr Aufgaben fragt, andere bei ihrer Arbeit unterstützt oder sich mehr Projekten annimmt, kann es sein, dass er sich am Ende zu viel auflädt oder im ungünstigsten Fall im Laufe der Zeit ganz selbstverständlich von Chef und Kollegen ausgenutzt wird. Beides führt beim Hochbegabten zu ungünstigem Stress und Unwohlsein.

> *„Schwierig finde ich es, bei bestimmten Dingen zu trödeln, damit mein Chef überzeugt ist, dass ich die Aufgabe gründlich erledigt habe, obwohl ich dasselbe Ergebnis in der Hälfte der Zeit erzielen könnte.“ (Sabine, 32)*

> *„Ich bemühe mich, nicht zu sehr aufzufallen. Da ich schneller als die Kollegen arbeite, mache ich mehr (versteckte) Pausen, damit mein Output nicht zu hoch wird.“ (Ulla, 48)*

„Beruflich habe ich weitestgehend resigniert und bemühe mich erfolgreich, dass es keiner ahnt. Ich versuche wenig aufzufallen und setze unauffällig mein Augurenlächeln auf.“ (Mark, 45)

„Ich bin bei der Arbeit so effizient, dass man mir oft nicht glaubt, dass ich meine Arbeit selbst gemacht habe. Insbesondere natürlich auch, weil man mir als Frau in der Informatik sowieso keinerlei Kompetenz zutraut.“ (Margit, 41)

„Ich verstehe Zusammenhänge oft schneller als Kollegen, was bereits mehrmals dazu führte, dass mein Chef dachte, ich hätte gar nichts verstanden und würde Verständnis nur vortäuschen.“ (Susi, 32)

Wenn der Hochbegabte zu schnell arbeitet, kann zwischen Hochbegabtem und Kollegen ein Ungleichgewicht entstehen, was der Hochbegabte oft nicht bemerkt und schon gar nicht beabsichtigt. Die anderen fühlen sich vielleicht unterlegen oder unter Druck gesetzt, genauso schnell arbeiten zu müssen. Sie haben das Gefühl, der Hochbegabte macht ihnen die bekannten Maßstäbe kaputt, was zu massivem Gegenwind führen kann. Auch kann der Hochbegabte mit seiner Schnelligkeit das Umfeld unter Umständen überfordern. Wenn die anderen gedanklich oder operativ einfach noch nicht so weit sind wie er, können gut gemeinte Ideen und Lösungsvorschläge noch nicht auf fruchtbaren Boden fallen. Das wiederum kann den Hochbegabten frustrieren und fälschlicherweise dazu veranlassen, sich zurückzuziehen.

„Ich bin wesentlich schneller als andere. Einmal, als im Projekt ein Problem auftrat, hatte ich nach 2 Wochen die Lösung. Die anderen brauchten ein halbes Jahr, um zu der gleichen Lösung zu kommen. Meine Lösung wurde von den anderen zunächst also weder verstanden noch zeitig umgesetzt.“ (Regina, 48)

„Bin als ‚Troubleshooter‘ geschätzt, komme aber im Umgang mit Management und Kollegen oft zu schnell mit Lösungsvorschlägen. Meistens werden die erst mal abgelehnt und Wochen bis Monate später dann doch übernommen.“ (Paula, 38)

„Häufiges Feedback ‚sehr schnell in neue Themen eingearbeitet' oder ‚kaum zu glauben, dass Sie erst drei Monate da sind'." (Heiner, 52)

Die Schnelligkeit kann also Segen und Fluch zugleich sein. Ebenso wie das Erbringen von guten Leistungen und Ergebnissen. Denn diese werden nicht immer wertgeschätzt. Wie wir sehen, ist häufig das genaue Gegenteil der Fall. Das Engagement wird misstrauisch beäugt, der Hochbegabte im schlimmsten Fall aus Neid oder Angst vor Konkurrenz gemobbt oder ausgegrenzt.

Je nach Umfeld entwickelt jeder seine eigene Strategie, mit so einer Situation umzugehen. In einer verständnisvollen, respektvollen Umgebung kann die Problematik besprochen und gemeinsam geklärt werden. Denn häufig sind den beteiligten Personen die Dynamik und die daraus resultierenden Missverständnisse nicht klar. Oft wurde die negative Entwicklung nicht beabsichtigt und keiner hat sich damit wirklich wohlgefühlt. Wenn es früh genug gelingt, die Situation zu verstehen, kann die Negativspirale aufgehalten und der gesamten Arbeitssituation wieder eine positive Wendung gegeben werden. Das ist natürlich für alle Beteiligten die beste und wünschenswerteste Variante.

Häufig ist dies jedoch nicht der Fall – sei es, weil das Ganze sich schon zu lange verfestigt hat oder einige Personen gar nicht an einem positiven und kollegialen Miteinander interessiert sind. Denn es kann ja auch bequem sein, dass der Hochbegabte sich für vieles verantwortlich fühlt, viel Arbeit mit übernimmt, versucht auszugleichen oder eben für einiges als Sündenbock dient. Die Gründe können vielfältig sein. In so einem Umfeld, wo der Hochbegabte das Gefühl hat (dieses Gefühl muss natürlich nicht immer richtig sein), nicht auf offene Ohren und Verständnis zu treffen, bemühen sich viele, ihre Leistungen und ihr Wissen nicht mehr zu zeigen oder sie herunterzuspielen. Viele verstecken ihr wahres Leistungsvermögen. Andere lassen die Kollegen oder Chefs denken, dass sie dafür auch viel tun müssten. Wenn Hochbegabte zu schnell arbeiten, lassen sie oft ihre Arbeit einfach liegen, trödeln oder machen andere Dinge zwischendurch. Wieder andere gehen aus der Situation raus, wechseln den Arbeitgeber, das Arbeitsumfeld oder die Branche. Manchmal bringt so eine Veränderung den gewünschten Erfolg, manchmal sind die Themen und Probleme am nächsten Arbeitsplatz ähnlich.

Nicht nur der „richtige" Umgang mit den eigenen Leistungen ist für Hochbegabte oft schwierig. Viele sehen vor allem auch die Leistungsbemessung kritisch. Denn hochbegabte Erwachsene machen oft die Erfahrung, dass nicht die eigentliche Arbeit und das Können positiv bewertet werden, sondern anderes im Vordergrund steht oder zumindest ähnlich wichtig ist. Im Job kann sich dies darin zeigen, dass Aufgaben und Stellen nicht nach Wissen oder Intelligenz verteilt werden, sondern nach Betriebszugehörigkeit oder Beziehungen. Berufliches Weiterkommen ist nicht an Kompetenz oder Leistung gekoppelt, sondern daran, sich gut verkaufen zu können, anderen nach dem Mund zu reden oder Ähnlichem. Die Jobsuche kann sich als problematisch erweisen, weil zwar oft das geforderte Wissen da ist, aber entsprechende Zeugnisse oder Nachweise darüber fehlen. Alle diese Dinge erweisen sich zum Teil als Hindernisse für die Karrieren und Arbeitszufriedenheit von Hochbegabten – vor allem in größeren Unternehmen oder Konzernen.

> *„Viele Unternehmen/Behörden würden meiner Einschätzung nach besser funktionieren, wenn man die Mitarbeiter ihren Talenten entsprechend einsetzen würde. Das geschieht zu oft nicht.“ (Paula, 33)*

> *„Das Netzwerken auf der Arbeit ist mir zuwider, weil unaufrichtig. Auch wenn ich rein intellektuell um die Wichtigkeit weiß. Ich kann mich einfach nicht daran gewöhnen, dass Quantität vor Qualität geht. Und schlechte Arbeit honoriert wird.“ (Armin, 43)*

> *„Für mich wäre es hilfreich, wenn sich die Arbeitswelt nicht in ganz großen Bereichen zur Bemessung von Arbeit hauptsächlich der Messgröße ‚Zeit‘ bedienen würde. Wenn ich im Büro für eine 40-Stunden-Woche bezahlt werde, ich die mir zugewiesenen Aufgaben aber schneller schaffe, führt das für mich zu praktisch keinen positiven Auswirkungen, karrieretechnisch gesehen. Lob erhalten die Personen, die für eine Arbeit von morgens um 8 bis abends um 10 ‚geschuftet‘ haben – dass die Leistung, das Ganze nachmittags um 3 fertig zu haben, eine größere ist, wird nach meinem Eindruck in unserer Arbeitswelt praktisch nicht wertgeschätzt.“ (Maja, 33)*

> *„Im Beruf müssten die Aufgaben nach Intelligenz und Können verteilt werden und nicht nach Betriebszugehörigkeit und Beziehungen!“ (Matthias, 43)*

„In unserer Gesellschaft ist der Lernende dem Denkenden ggü. klar im Vorteil. Deutschland ist ein reines Zeugnisland, wer da nicht von Anfang an mitmacht fällt durch.“ (Ulli, 47)

3.4.2 Abwechslung und komplexe Aufgaben

Die Neugier und Freude an Herausforderungen Hochbegabter wurden schon im Kapitel „Herausforderungen, Neugierde und Anregungen“ näher betrachtet und spielen nicht nur im Privatleben, sondern gerade auch im Bereich der Arbeit eine entscheidende Rolle. Zudem sind Hochbegabte durch ihre hohe Auffassungsgabe und besonderen Denkfähigkeiten besonders gut in der Lage, komplexe und schwierige Aufgaben zu lösen. Und gerade das macht ihnen auch am meisten Spaß. Sie kommen in Fahrt, wenn es für die anderen schwierig wird. Die meisten Hochbegabten brauchen abwechslungsreiche, anspruchsvolle Aufgaben, um überhaupt ausgeglichen und zufrieden zu sein sowie gute Arbeitsergebnisse zu erzielen. Bürokratie, Routine, Leerlauf und Langeweile empfinden sie als quälend und lähmend.

„Eine Arbeit, die erfüllt und immer wieder eine Herausforderung ist, ist, finde ich, das Allerwichtigste für das Seelenheil eines Hochbegabten, gleich danach kommt ein guter Freund mit gleicher Wellenlänge.“ (Daniela, 44)

„Nichts ist schlimmer, als wenn heute genau wie gestern oder vorgestern ist.“ (Henning, 37)

„Ich habe Schwierigkeiten mit reizlosen, sich wiederholenden Tätigkeiten. Brauche Fortschritt, will Probleme finden, analysieren und lösen.“ (Xavier, 36)

„Ich habe Angst, dass ich nie eine Position finde, in der ich auch längerfristig (meine längste Position war drei Jahre) zufrieden und herausgefordert bin. Wenn ich nicht herausgefordert bin, werde ich extrem unzufrieden und unglücklich.“ (Pauline, 33)

„Ich unterrichte anspruchsvolle Themengebiete. Da muss ich fachlich fit sein und je nach den Fragen der Zuhörer sehr schnell

schalten. Das macht mir kein Problem, sondern Spaß." (Jürgen, 48)

„Ich blühe auf, wenn es thematisch anspruchsvoller wird, ringe aber hart mit Routineaufgaben." (Linda, 44)

„Ich bin, besonders beruflich, sehr intrinsisch motiviert. Ich bin sehr anspruchsvoll bezogen auf die Inhalte/Aufgaben, die mein Beruf an mich stellt, d.h. ich erwarte Herausforderungen." (Tatjana, 36)

Das Gehirn von Hochbegabten möchte beschäftigt werden. Sie möchten Probleme lösen, neue Herangehensweisen herausfinden, Inhalte neu verknüpfen – je kniffeliger, desto besser für viele. Für viele stellt daher Projektarbeit oder Arbeiten in der Forschung eine gute Lösung dar. Es muss auch nicht immer ein spezieller Bereich oder Spezialgebiet sein, in dem der Hochbegabte tätig ist. Gerade die Vielfalt oder Kombination von verschiedenen Bereichen kann eine besonders reizvolle Herausforderung darstellen. Neben der eigentlichen Tätigkeit wird meist zudem ein inspirierendes, anspruchsvolles Umfeld als vorteilhaft empfunden. Gerade wenn die Tätigkeit an sich nicht immer die gewünschte Anforderung bietet (was die wenigsten Tätigkeiten permanent leisten können), trägt ein solches Umfeld zu Horizonterweiterungen und Zufriedenheit bei. Jeder ist da natürlich unterschiedlich und muss den für sich passenden Platz finden, aber die Gesamtsituation muss stimmen.

„Es ist schwierig, sich immer neue Herausforderungen zu suchen, damit ich mich nicht langweile. Hierfür habe ich ein forderndes Arbeitsumfeld gewählt. Jedoch ist die Art, wie ich die Welt sehe, nicht immer mit der Weltsicht meiner Kollegen vergleichbar. Für dieses Problem fällt mir keine Lösung ein, die ein inklusives Arbeiten und Leben ermöglicht, ohne an die Grenzen der anderen zu stoßen und sich daran zu reiben." (Anna, 30)

„Für mich sind am besten größere Projekte, die in Ruhe von A bis Z durchdacht werden müssen." (Gitte, 53)

„Komplexe Aufgabenstellungen in einem intelligenten Team lösen." (Roland, 49)

„Hochbegabte sind in Bereichen gut aufgehoben, in denen man ständig mit unbekannten Sachverhalten konfrontiert wird und bei denen der passende Umgang geistige Transferleistungen erfordert." (Tim, 30)

„Das berufliche Umfeld sollte auf jeden Fall stimulierend sein, sowohl was die Konfrontation mit Ideen anderer angeht als auch was zu lösende Probleme angeht." (Martin, 26)

„Ich denke sehr schnell, analysiere gerne, bevorzuge Tätigkeiten ohne Personalverantwortung, aber mit ständig wechselnden fachlichen Herausforderungen." (Jutta, 51)

„Ich bin neugierig und will mein Gehirn beschäftigen. Als Folge davon scheint meine Allgemeinbildung nicht ganz schlecht zu sein. Das gilt zwar nicht für alle Bereiche, aber doch für viele. Daher kann ich einigermaßen gut scheinbar getrennte Bereiche verknüpfen, also kreativ sein." (Olaf, 51)

Viele Hochbegabte wünschen sich hier auch mehr Initiative oder Angebote vonseiten der Arbeitgeber. Neben spannenden Aufgaben und mehr Abwechslung bei der Arbeit sind dies mehr Förderprogramme, Weiterbildungen, ein veränderbareres Aufgabenfeld, Austausch mit Mentoren und Nachbarabteilungen sowie generell mehr Flexibilität und Förderung.

Ständige Weiterentwicklung ist für die meisten Hochbegabten essentiell. Wiederholung, Routine und starre, vorgegebene Arbeitsabläufe empfinden sie als Gift für ihre Leistungsfähigkeit und ihr gesamtes Wohlbefinden. Auch wenn Herausforderungen durchaus anstrengend sein können, verleihen diese Hochbegabten letztendlich Energie. Langeweile und Unterforderung hingegen sind große Energieräuber für sie, die weitreichende, negative Folgen haben können. Leistungsabfall, Motivationsverlust bis hin zu Arbeitsverweigerung, gesteigerte Krankmeldungen, Depressionen und Burn-out sind einige davon. Wichtig ist natürlich, dass es nicht so weit kommt, aber nicht immer gelingt es, sich davor zu schützen. Dann sollte unbedingt professionelle Unterstützung gesucht werden, um aus dem Tief herauszukommen und wieder Freude an der Arbeit zu finden. Das Wissen um die eigene Hochbegabung ist hierbei essentiell, um Probleme und Konflikte bei der Arbeit richtig bewerten und analysieren zu können. Und auch, um am Ende den passenden Arbeitsplatz und eine möglichst optimale Arbeitsumgebung für sich zu finden.

Mit aufkommender Langeweile oder Unterforderung geht jeder anders um. Viele Hochbegabte werden aktiv und versuchen intensiv, Langeweile zu bekämpfen. Da sie sich meistens für vieles interessieren und Neues sowie Herausforderungen lieben, fällt es ihnen oft leicht, etwas zu finden, dem sie ihre Aufmerksamkeit schenken können. Manche suchen sich neue Aufgaben und Tätigkeitsfelder oder unterstützen Kollegen. Andere beschäftigen sich mit privaten Themen, widmen sich ihrem Hobby, ehrenamtlichen Tätigkeiten oder sonstigen Erledigungen. Einige machen ein komplettes, neues Studium neben bzw. während ihrer Arbeit, ohne dass es jemandem auffällt. Andere Hochbegabte versuchen, generell etwas an ihrem Job(-konstrukt) zu ändern. So haben einige einen Zweit- oder Drittjob, um ausgelastet zu sein. Andere wechseln ihre Arbeit, die Branche oder machen sich selbstständig.

> *„Der Feind von Hochbegabung ist Routine, also immer wieder ‚raus aus der Komfortzone'." (Michael, 40)*

> *„Bei der täglichen Arbeit lege ich öfters Fremdarbeitsabschnitte (Privates, etc.) zwischen meine beruflichen Aufgaben (Tätigkeit im Öffentlichen Dienst), um weniger aufzufallen und die Bearbeitungszeiten damit nicht kürzer als geplant zu gestalten." (Jochen, 41)*

> *„Für Routineaufgaben, die mir nicht liegen, suche ich mir wen, der sie an meiner Stelle macht. Putzfrau, Mitarbeiter, Kollegen, für die ich im Gegenzug Konzepte schreibe, die ihnen schwer von der Hand gehen." (Raphaela, 44)*

> *„Ich erzähle nicht jedem, dass ich hochbegabt bin. Dann merken es auch nicht alle ;-) Das Potenzial, das bei meiner bezahlten Arbeit nicht gefordert wird, nutze ich, um im Privaten viele kleine Projekte zu machen." (Torben, 43)*

„Ich bin selbstständig und kann daher viel Abwechslung in meiner Arbeit haben." (Christine, 49)

„Bis vor sieben Jahren habe ich mich regelmäßig auf der Arbeit gelangweilt (zu viel Routine). Mit 41 habe ich noch mal einen neuen Beruf gelernt, der gut für mich ist." (Ulla, 48)

„Ich habe mehrere ‚Berufe', die sich teils überschneiden und teils eben gar nicht." (Svenja, 49)

Der Langeweile entgegenzuwirken, aktiv zu werden, in die Selbststeuerung zu gehen, anstatt passiv zu verharren, ist sicher für Hochbegabte, die Anregungen brauchen, eine sinnvolle Lösung. Je nach Tätigkeit, Umfeld und Jobart lässt sich das mal mehr, mal weniger gut realisieren. Und manchmal gibt es auch Lebenssituationen, in denen derjenige froh ist, nicht zu viele Herausforderungen bei der Arbeit bewältigen zu müssen. Nicht alle Hochbegabte leiden unter Langeweile oder Unterforderung. Für manchen kann dies auch Entspannung darstellen und das Abarbeiten von Routineaufgaben kann durchaus eine beruhigende Wirkung haben. Vielleicht nicht auf Dauer, aber für eine gewisse Zeit oder Lebensphase. Die gesparte Energie kann dann für andere Dinge oder Lebensbereiche genutzt werden.

3.4.3 Freiheit und Selbstbestimmung

Neben der gerade beschriebenen Notwendigkeit, anspruchsvolle und abwechslungsreiche Aufgaben in ausreichender Menge in seiner Arbeit zu finden, gibt es weitere Faktoren, die bei der Arbeitszufriedenheit Hochbegabter eine wesentliche Rolle spielen: Freiheit und Freiraum. Fehlt ein entsprechendes Maß an Selbstbestimmung und Freiheit bei ihrer Arbeit, können Hochbegabte im Beruf sehr unzufrieden und unglücklich sein.

Freiheit umfasst hier mehrere Aspekte. Sie beinhaltet zum einen den gedanklichen Freiraum. Das bedeutet, die Arbeit und anstehende Aufgaben so auszuführen, wie derjenige sie für sinnvoll hält, und nicht „wie man es immer schon gemacht hat". Also eine Freiheit im Denken und darin, die Dinge auf die eigene, vielleicht etwas ungewöhnliche oder unkonventionelle Art und Weise machen zu können. Hierzu gehört auch die Freiheit, Aufgaben möglichst selbstständig zu erledigen.

„Beste Rahmenbedingung im Job: FREIRAUM und FREIHEIT!" (Ella, 29)

„Für mich war es ganz wichtig herauszufinden, warum ich immer wieder anecke. Daher habe ich den IQ-Test gemacht. Ich habe festgestellt, dass ich viel Freiheit und Entscheidungsmöglichkeit bei meiner Tätigkeit benötige. Eine/n Chef/in, die/den ich wegen jeder Kleinigkeit fragen muss, kann ich nicht brauchen." (Andrea, 46)

„Ein günstiges berufliches Umfeld ist eines, das viele Freiräume für kreative Gedanken lässt und möglichst viel Handlungsspielraum." (Ulrike, 51)

„Wenn eine Firma ihren Mitarbeitern die Freiheit lässt, von traditionellen Wegen abzuweichen, solange am Schluss Qualität und Kosten in Ordnung sind, würden sie von hochbegabten Angestellten sicherlich profitieren." (Gabi, 36)

„Ich brauche Freiräume und gleichzeitig aber eine Richtungsvorgabe. Im Job sind Routinetätigkeiten zum Beispiel Gift für mich. Projektarbeiten mit einem Ziel, aber keiner Vorgabe, wie man es erreichen kann, sind für mich perfekt. Wenn ich meinen Ideen keinen freien Lauf lassen kann, schlägt mir das sehr auf die Stimmung, und ich fühle mich wieder unwohl." (Sophia, 24)

„Das berufliche Umfeld sollte so beschaffen sein, dass der HB nicht an vorgegebenen Aufträgen arbeitet, sondern mehr oder weniger frei entscheiden kann, woran er als Nächstes arbeiten will. Dann kann er seiner Kreativität und Neugier freien Lauf lassen und ist am effektivsten für das Unternehmen." (Ansgar, 35)

Selbstständiges und möglichst selbstgestaltetes Arbeiten bedeutet für viele auch, alleine zu arbeiten, also nicht in Teamarbeit. Sehr viele hochbegabte Erwachsene versuchen regelrecht, Teamarbeit zu vermeiden und mit anderen wenig zusammenzuarbeiten. Denn oft haben sie bei Teamarbeit keine guten

Erfahrungen gemacht und eher das Gefühl bekommen, alleine bessere Arbeitsergebnisse in kürzerer Zeit erzielen zu können. Wenn sich Teamarbeit mal nicht vermeiden lässt, ist ihr Wunsch teilweise, sich die Teammitglieder selber aussuchen zu können, was sich natürlich nicht immer realisieren lässt. Auch fühlen sich manche Hochbegabte befangener, wenn sie mit anderen zusammenarbeiten oder das Gefühl haben, dass ihnen „auf die Finger geschaut wird". Dann können sie ihre Fähigkeiten nicht in vollem Umfang entfalten.

> *„Teamarbeit versuche ich zu vermeiden. Da kommt man meines Erachtens oft einfach nicht weiter – zumindest bei uns im Büro nicht." (Eva, 55)*

> *„Nach Möglichkeit alleine arbeiten und nicht im Team, damit man nicht ausgebremst wird." (Ulf, 49)*

> *„Ich erledige meine Sachen lieber alleine. Dann sind die Ergebnisse besser, und mir geht's dabei auch besser. Teamarbeit ist nichts für mich." (Svenja, 34)*

> *„Ich arbeite meist alleine und damit in meinem eigenen Tempo." (Juliane, 51)*

Freiheit beinhaltet für viele Hochbegabte auch eine zeitliche Komponente. Sie möchten ihre Arbeit in ihrem eigenen Tempo erledigen können und möglichst, wann sie wollen. Für diese freie Einteilung ihrer Arbeitszeit bevorzugen sie flexible Arbeitszeitmodelle.

Zudem umfasst Freiheit für einige Hochbegabte auch eine räumliche Freiheit, also, wo sie ihre Arbeit machen können. Da viele Hochbegabte sich auch als hochsensibel bezeichnen, bevorzugen sie eine eher ruhige Arbeitsatmosphäre. Großraumbüros mit vielen sich unterhaltenden oder telefonierenden Kollegen, Hintergrundmusik, grellem Licht oder Ähnlichem stellen für sie große Herausforderungen dar und führen am Ende meist zu Unwohlsein und schlechterer Arbeitsleistung, was wiederum für alle Beteiligten auf Dauer unbefriedigend ist. Den Freiraum zu haben, die äußeren Arbeitsbedingungen mitzugestalten, empfinden viele Hochbegabte als absolut förderlich.

Jede Abwesenheit von Zwang erleben Hochbegabte in ihrem Berufsleben als förderlich. Natürlich lässt sich das nicht immer realisieren, und in jedem Job gibt es ungeliebte Dinge, die gemacht werden müssen. Wenn der Beruf jedoch im Allgemeinen viel Selbstbestimmung mit sich bringt und Freiräume lässt, lassen sich auch die weniger angenehmen Aspekte bewältigen. Durch das große Bedürfnis nach Freiheit, Freiraum und Selbstbestimmung sind viele hochbegabte Erwachsene selbstständig oder überlegen, sich selbstständig zu machen. Ob das die passende Lösung ist, muss jeder individuell für sich sehen. Egal ob selbstständig oder angestellt, das Bedürfnis nach Freiheit und Freiraum von Hochbegabten bei der Jobauswahl und -suche im Hinterkopf zu haben, ist wichtig, um die geeignete Tätigkeit mit vorteilhaften Rahmenbedingungen zu finden.

3.4.4 Hierarchie, Vorgesetzte und Kollegen

> *„Ich habe wirklich das Gefühl, mein Potenzial nicht auszuschöpfen und meine persönlichen Voraussetzungen nicht mit der Wirklichkeit der Arbeitswelt in Einklang zu bringen. Es funktioniert einfach nicht!*
>
> *Früher hatte ich ein tolles Stipendium, und das Studium lief eigentlich gut, aber danach ging es nicht so wie erhofft weiter. Viele meiner ehemaligen Mitstudenten sind ziemlich erfolgreich. Nur ich bin im Vergleich zu denen (und auch zu vielen anderen) eher der typische ‚Underachiever'.*
>
> *Diverse Versuche einer Festanstellung – besonders in größeren Unternehmen – waren alles andere als von Erfolg gekrönt. Vor allem dieses ganze ‚Politische' liegt mir überhaupt nicht. Ich verstehe es auch nicht und bekomme in der Regel Intrigen etc. gar nicht mit. Irgendwie gehe ich immer davon aus, dass es allen anderen – wie mir – um die Sache geht, aber das ist nicht so. Mit Hierarchien komme ich auch nicht gut klar. Mein Anspruch an Vorgesetzte scheint einfach zu groß zu sein. Die Erwartung, dass Chefs intelligenter, fachlich kompetenter und auch menschlich in Ordnung sind, ist sooo oft enttäuscht worden.*
>
> *Nur weil jemand länger im Unternehmen ist, bis spät abends an seinem Platz sitzt (ohne noch dazu besonders effektiv zu sein oder gute Leistungen zu bringen) und den und den kennt, finde ich nicht, dass derjenige befördert werden muss. Aber meistens geht es mehr darum, wen man kennt, zu wem man nett ist etc., als um*

wirkliche Leistung und Qualität. Diese ganze Denke und Art und Weise ist mir einfach fremd, und ich will mich da auch nicht verbiegen. Das Ende vom Lied ist nur leider, dass ich karrieretechnisch immer wieder von Leuten überholt werde, die weniger drauf haben als ich, und das macht mich echt unzufrieden!" (Petra, 46)

Große Kontextfaktoren für das Wohlbefinden im Job sind neben der Tätigkeit an sich auch die generelle Struktur im Unternehmen (sofern man in einem Unternehmen oder einem ähnlich aufgebauten Umfeld arbeitet), der Chef sowie die Kollegen. Gerade diese oft nicht oder nur wenig veränderbaren Faktoren stellen für viele hochbegabte Erwachsene echte Herausforderungen dar. Viele berichten von Problemen mit Karrieren in größeren Unternehmen und Konzernen sowie von problematischen Beziehungen zu Kollegen und Vorgesetzten. Hierbei auftretende Schwierigkeiten – vor allem mit Kollegen – wurden auch schon in den vorangegangenen Kapiteln beschrieben, weitere Aspekte sollen hier vertieft werden.

Generell wünschen sich die meisten Hochbegabten keine starren Hierarchien sowie wenig Hierarchiedenken. Sie kommen in Arbeitsumgebungen mit eher flachen Hierarchien und kurzen Dienstwegen meist besser klar.

„Ich denke, für Hochbegabte eignet sich am besten ein Umfeld mit flachen oder gar keinen Hierarchien, wo man sich wertschätzend begegnet und man Ideen miteinander offen diskutieren kann." (Agnes, 47)

„Man sollte Konkurrenz bzw. Strukturen, die durch Machtstreben und Hierarchiedenken bestimmt sind, vermeiden." (Andreas, 43)

„Beruflich sind Strukturen vorteilhaft, die nicht auf Hierarchien, sondern auf Aufgabenverteilung beruhen. Also Möglichkeiten bieten, verschiedene Aufgaben zu übernehmen, und das Aufgabenfeld sollte vielseitig und veränderbar sein." (Pia, 37)

„Hochbegabte brauchen ein freizügiges, tolerantes Umfeld." (Marc, 37)

Oft sagen Hochbegabte von sich auch, dass sie „kein politisches" Geschick haben und daher mit Hierarchien nicht gut zurechtkommen. Zudem haben viele einfach generell wenig Interesse an „klassischen" Karrieren, wenn überhaupt an Fachkarrieren. Denn sie sind eher am Thema an sich und nicht an Führungspositionen oder hierarchischem Aufstieg interessiert.[27] So eine Denke kann nicht jeder Kollege oder Chef nachvollziehen. Gerade in Unternehmen arbeiten viele Mitarbeiter daran, die Karriereleiter kontinuierlich hinaufzusteigen. So ist ihr Arbeitseinsatz oft in diesem Ziel begründet und nicht wie bei vielen Hochbegabten im Interesse am Thema. Der Arbeitseinsatz von Hochbegabten wird zuweilen falsch eingeschätzt. Vor allem wenn Hochbegabte im Arbeitsprozess nicht nur sehr engagiert sind, sondern auch in gewisser Weise Führung übernehmen ohne eine Führungsposition bekleiden zu wollen. Dies kann dann eben doch als ein Sich-profilieren-Wollen oder Am-Stuhl-des-Chefs-Sägen missverstanden werden, was zu erheblichen Konflikten mit Vorgesetzten und Kollegen führen kann.

> *„Beruflich fällt die Hochbegabung deutlicher auf und führt zu Anfeindungen durch jene Menschen, die mich als Konkurrenz wahrnehmen, obwohl das nicht beabsichtigt ist." (Diane, 51)*

> *„Seit ich meinen IQ kenne, nehme ich es nicht mehr so persönlich, wenn gerade Kollegen sich durch meine Art, Dinge umzusetzen, angegriffen fühlen." (Britta, 51)*

> *„Ich ecke an im beruflichen Kontext (werde zum Beispiel zwar vom Chef geschätzt für Kreativität, Tatendrang, Innovationen, störe aber genau damit auch wiederum das Team und überfordere die anderen)." (Leonie, 29)*

---

27 Auch in der Studie „Zusammenhänge zwischen Hochbegabung und berufsbezogenen Persönlichkeitseigenschaften" von Rüdiger Hossiep, Philip Frieg, Renate Frank und Heinz Detlef Scheer, die 2013 an der Ruhr-Universität Bochum durchgeführt wurde, kamen die Verfasser zu dem Ergebnis, dass Hochbegabte eher eine geringe Führungsmotivation aufweisen und darin durchaus Probleme in Unternehmen resultieren können: „Die Konstellation ‚hohe Gestaltungsmotivation bei geringer Führungsmotivation' ist als charakteristisch für die Gruppe der Hochbegabten zu werten. Hier könnte eine Quelle großer, immer wieder berichteter Missverständnisse zwischen Hochbegabten und Nichthochbegabten in Unternehmen liegen." (Hossiep, Frieg, Frank & Scheer, 2013, S. 8)

„Ich schaffe wesentlich mehr in kürzerer Zeit als andere und arbeite dadurch einfach mehr weg. Ich habe aber den Eindruck, dass Kollegen glauben, dass ich extra Arbeit an mich reiße, um besser dazustehen (dabei will ich mich bloß nicht langweilen). Bin gespannt, wann es zum Konflikt kommt...“ (Holger, 38)

„Ich übernehme oft Führung, strukturiere den Arbeitsprozess – ohne dafür unbedingt ‚den Hut aufhaben‘ zu müssen: Mir geht es mehr um die Sache als um Macht/eine hohe Position.“ (Michaela, 44)

Wenn der Hochbegabte das Gefühl hat, dass der eigene Arbeitseinsatz missverstanden wird und zu Konflikten führt, ist es sinnvoll, seine Motive seinem Umfeld mitzuteilen. So können Kollegen und Chef diese richtig einordnen und reagieren nicht mit Gegenwehr. Jedoch sollte derjenige sich auch anhören, wie die anderen die Situation empfinden. Vielleicht haben sie den Eindruck, dass der Hochbegabte ungefragt und viel zu schnell Dinge „an sich reißt“, dadurch Arbeitsabläufe und die Arbeit der anderen stört. Manche Kollegen empfinden die gut gemeinte Unterstützung des Hochbegabten vielleicht als grenzüberschreitend und die eigene Person oder Arbeitsleistung abwertend und reagieren dann verständlicherweise eher negativ darauf. Vielen Hochbegabten ist oft gar nicht klar, wie sie auf andere wirken. Daher ist es gut, sich ab und zu Feedback anzuhören und Selbst- und Fremdbild abzugleichen – vor allem sobald Unstimmigkeiten auftreten. Dabei muss nicht gleich Feedback zur gesamten Persönlichkeit oder Gesamtsituation eingeholt werden. Es kann auf Arbeitsabläufe und Aufgabenbearbeitung beschränkt werden – also dass anhand konkreter Beispiele über die Unterschiede gesprochen wird. Denn oft macht der Hochbegabte die Dinge einfach anders als andere, und am Ende sind es die vermeintlich kleinen Dinge, die in der Summe eine große Wirkung haben. Und dann geht es vielleicht lediglich darum, wie etwas gemacht wird, und nicht gleich um die gesamte Persönlichkeit des Hochbegabten. So eine Erkenntnis kann gerade für Hochbegabte, die schon vielfach negative Erfahrungen gemacht haben und daher schnell „alles“ auf sich als Person beziehen, entlastend sein.

Aber nicht nur der Hochbegabte sollte sich um Verständnis bemühen. Viele hochbegabte Erwachsene wünschen sich auch, dass Vorgesetzte und Personalabteilungen mehr über Hochbegabung wissen, geschulter im Umgang mit hochbegabten Mitarbeitern sind und darin, diese zu erkennen sowie richtig einzusetzen. Das bedeutet für viele Hochbegabte eben auch, dem Hochbegabten zuweilen mehr zuzutrauen sowie generell auf seine Fähigkeiten und seine Lösungen zu vertrauen.

> *„Gerade auf der Arbeit sollten Führungskräfte gut geschult sein, um Hochbegabung zu erkennen." (Moritz, 26)*

> *„Nach meiner Erfahrung muss der Chef der Arbeit mitspielen. Wenn der Chef das Potenzial seiner Mitarbeiter erkennt und sie lässt, ist das schon fast die gesamte Miete." (Mirko, 31)*

> *„Chefs sollten einen auf einen guten Posten setzen, d.h. einem mehr, nicht weniger zutrauen, und dort eigenverantwortlich arbeiten lassen – ohne Anpassungsdruck." (Anne, 38)*

> *„Arbeitgeber sollten Hochbegabten vertrauen, dass die Lösungen des Hochbegabten funktionieren, ohne dass sie stundenlang für alle erklärt werden müssen, bis auch der Letzte sie verstanden hat." (Catharina, 32)*

> *„Personalbereiche in Unternehmen sollten bessere Instrumente bekommen, Begabungen (nicht nur Hochbegabungen) festzustellen und zu fördern. Begabte Mitarbeiter sollten auch speziell gefördert werden und gegebenenfalls geschützt, falls die Begabung mit Introvertiertheit oder schwächerem Selbstbewusstsein verbunden ist." (Christian, 46)*

> *„In der Schule hätte ich mir zum Beispiel oft eine größere Herausforderung gewünscht. Heute hilft es mir, einen Chef zu haben, der mir diese Herausforderungen immer mal wieder gibt, da er weiß, dass man mit mir sowas machen kann." (Pia, 39)*

> *„Hochbegabte sollten Aufgaben bekommen, die sie mit ihrer Intelligenz leichter als andere erledigen können." (Manfred, 76)*

Viele Hochbegabte haben aber auch Probleme mit ihren Vorgesetzten, wenn sie diese für weniger intelligent und/oder weniger kompetent halten. Allein die

Tatsache, dass eine Person hierarchisch übergeordnet ist, führt beim Hochbegabten noch lange nicht dazu, dass er diese auch respektiert. Oft ist genau das Gegenteil der Fall, und viele Hochbegabte lassen sich dies auch anmerken.

> *„Ich merke sehr schnell, wenn jemand mir geistig unterlegen ist. Das wird dann ein Problem, wenn die Person mir vorgesetzt ist." (Caroline, 54)*

> *„Ich kann nur schwer mit meiner Meinung hinterm Berg halten, insbesondere wenn das Vorgetragene wirklich schlecht ist, leider unterscheide ich da auch nicht ob Vorgesetzter oder nicht." (Jutta, 41)*

> *„Autoritäres Chef-Gehabe oder stumpfer Druck wie in nichtintellektuellen Unterschicht-Berufen sind tödlich." (Sebastian, 37)*

> *„Gerade im Beruf hilft es, wenn der Vorgesetzte ebenfalls intelligent ist." (Lara, 43)*

> *„Ich habe echt ein Thema mit Chefs, die ich nicht für besonders kompetent halte. Dann entwickelt sich manchmal so ein richtiger Machtkampf, auch wenn ich sonst eigentlich gar nicht der Typ dafür bin." (Lars, 48)*

Als Lösung für die Probleme mit Vorgesetzten haben einige Hochbegabte für sich abgeleitet, am besten selber Chef zu sein und eine Führungsposition innezuhaben oder gar keinen Chef zu haben – zumindest keinen fachlichen. Viele wünschen sich daher gar keine Hierarchien oder Hierarchien nach Verstand, aber wer beurteilt das dann? Einen Chef zu haben, ist für viele Hochbegabte eben nicht einfach. Denn derjenige beschneidet ja auch ihre Freiheit und ihren Freiraum. Einen Chef zu akzeptieren und zu respektieren, fällt Hochbegabten am leichtesten, wenn dieser in ihren Augen ebenfalls intelligent und fachlich kompetent ist. Zudem wünschen sich Hochbegabte wertschätzende und loyale Chefs. Sie wünschen sich Vorgesetzte, die den Willen haben, zuzuhören und den Mitarbeiter zu fragen, was dieser wirklich will. Das sind jedoch Eigenschaften, die sich sicher viele Mitarbeiter – egal ob hochbegabt oder nicht – von ihrer Führungskraft wünschen und eben eine gute Führungskraft auszeichnen. Ein Unterschied ist jedoch, dass sich Hochbegabte Vorgesetzte wünschen, die kein Problem damit haben, dass der hochbegabte Mitarbeiter unter Umständen in einigen Bereichen besser ist als die Führungskraft selber, denn das kann ja durchaus vorkommen.

Wenn man nun aber als Hochbegabter und natürlich auch als Nicht-Hochbegabter in einer Organisation Karriere machen möchte, muss man sich an die dortigen Spielregeln und informellen Gesetze halten. In vielen Fällen bedeutet dies für Hochbegabte Anpassung an die Mehrheit und manchmal auch ein Verbergen der Hochbegabung. Ist dies selbstgewählt, weil der berufliche Aufstieg hohe Priorität hat, sind Hochbegabte sehr wohl zu erfolgreichen Karrieren in Unternehmen, Konzernen oder Behörden in der Lage. Allerdings ist dies – wie wir bereits gesehen haben – gar nicht unbedingt das Ziel oder das Bild von einer gelungenen Karriere für viele Hochbegabte.

3.4.5 Der „perfekte" Job

Den „perfekten“ Job oder die eigene Berufung zu finden, möchten nicht nur hochbegabte Erwachsene. Gerade im Moment stehen Dinge wie „sein Potenzial entfalten“ oder „seine Berufung finden und leben“ hoch im Kurs. Das ist sehr verständlich. Denn wen reizt nicht das Bild: „Wenn ich wirklich meine Berufung gefunden habe und etwas mache, was mir und meinen Talenten entspricht und was ich aus tiefstem Herzen möchte, werde ich damit glücklich, zufrieden und erfolgreich sein. Dann muss ich quasi nie wieder arbeiten im Sinne von Frohndienst, sondern empfinde meine Tätigkeit als Geschenk und Freude.“ Sicherlich ist das ein gutes Ziel, und dieses zu erreichen, kann durchaus gelingen. Nur gelingt dies eben nicht immer jeder Person und nicht zu jedem Zeitpunkt – zu viele andere Faktoren spielen eine wichtige und oft Grenzen aufweisende Rolle im Leben jedes einzelnen. Und so ist man, wenn man nicht sein komplettes Potenzial ausschöpft und nicht seine Berufung findet (sofern es diese überhaupt gibt), eben auch kein „Versager“!

Es kann so sein wie im Beispiel von Wolfgang am Anfang dieses Kapitels, wo sich der eigene berufliche Lebensweg kontinuierlich und größtenteils positiv entwickelt hat, so dass der Job im Laufe der Zeit zum perfekten Job für die jeweilige Person und ihre individuelle Lebenssituation wird. Wenn wir auf dem „richtigen“ und für uns passenden Weg schon ein Stück gegangen sind, merken wir manchmal gar nicht, dass wir eigentlich schon da angekommen sind, wo wir mal hin wollten. Manchmal zeigt sich aber auch erst im Rückblick, dass ein

Weg letztendlich gut oder doch nicht so günstig war. Und natürlich spielt die eigene Bewertung eine große Rolle. Welche Vorstellungen und Ansprüche habe ich? Wenn diese nicht realistisch sind, kann ich vielleicht nie den passenden Job und beruflichen Weg finden. Was ist für mich überhaupt die „perfekte" Arbeit?

Um den für sich stimmigen Job zu finden, muss man erst mal wissen, was man kann und was man will. Das kann für viele Hochbegabte schon die erste sehr große Hürde sein. Denn auch wenn die Mitmenschen den Hochbegabten für sehr kompetent und talentiert halten, tut er selbst das oft noch lange nicht. Viele Hochbegabte können ihr eigenes Leistungsvermögen nicht gut einschätzen. Sie haben nicht das Gefühl, über besondere Fähigkeiten oder Talente zu verfügen oder wohlmöglich Dinge besser zu können als andere. Ihnen sind ihre Stärken und ihr Potenzial häufig nicht oder zu wenig bewusst. Gerade wenn sie vielseitig interessiert und begabt sind, denken viele, dass sie zwar allerhand Dinge ein bisschen können, aber eigentlich nichts so richtig. Und das stimmt ja häufig auch in gewisser Weise. Sie können sich sehr schnell in neue Sachverhalte und Situationen einarbeiten. Dieses meist auch auf einem recht hohen Niveau, aber um weiter in die Tiefe zu gehen oder Experte auf einem Gebiet zu werden, braucht es mehr Zeit und Aufwand. Allerdings ist das schnelle Einarbeiten und Durchdringen neuer Themen ja auch eine enorme Stärke.

Das Herausfinden der eigenen Fähigkeiten und Stärken ist die Basis für die eigene Berufswahl – egal ob am Anfang des beruflichen Lebensweges oder zwischendurch, wenn dieser vielleicht überdacht oder neu ausgerichtet werden soll. Hochbegabte haben meist so vielfältige Stärken, die zuweilen erst mal freigelegt und ihnen selbst als Stärken bewusst gemacht werden müssen. Vieles sehen sie als selbstverständlich an, weil es das für sie ja auch ist, aber eben nicht im Vergleich zu vielen anderen Personen. Anderes ist ihnen gar nicht als Stärke bewusst, weil sie selber damit vielleicht eher Probleme haben, es letztendlich aber eine große Stärke sein kann. Bei manchen Fähigkeiten Hochbegabter ist es eine Frage der Perspektive. Aus einem anderen Blickwinkel sind gewisse Eigenschaften Hochbegabter enorme Stärken. Diese zu sehen, ist nicht immer leicht, und ein Blick von außen kann da sehr hilfreich sein. Zudem verfügen Hochbegabte oft über viele Fähigkeiten und Stärken wie selbstständiges Einarbeiten in komplexe Sachverhalte oder kreative Lösungswege finden, die nicht unbedingt auf (Arbeits-)Zeugnissen abzulesen sind. Das macht es gerade im beruflichen Kontext nicht unbedingt einfacher, da in Deutschland immer noch großer Wert auf Qualifikationen und Zeugnisse gelegt wird. Gerade für

Hochbegabte, die sich teilweise autodidaktisch enorme Fähigkeiten aneignen, kann dies im Bewerbungsverfahren problematisch und frustrierend sein.

Auch ihre Vielseitigkeit und der Drang nach Herausforderungen können hinderlich sein. Wenn jemand quasi „zu viele" verschiedene Jobs gemacht, sich beruflich öfters umorientiert hat und eher einen ungewöhnlichen, „krummen" Lebenslauf aufweist, ist das für den normalen Arbeitsmarkt vielfach schon ein Problem. Dann werden demjenigen wohlmöglich Eigenschaften wie Unzuverlässigkeit oder mangelndes Engagement unterstellt, was gar nicht der Fall ist. Vielleicht wird sogar vermutet, derjenige hätte sich die Hälfte der Dinge ausgedacht, denn so viel könne man doch nicht in so kurzer Zeit machen oder Ähnliches. Die auf dem Lebenslauf sichtbaren Fakten werden aus Unwissenheit falsch interpretiert. Der Hochbegabte wird falsch eingeschätzt, fühlt sich zu Recht missverstanden und bekommt am Ende den Job nicht. Lieber wird ein Mitbewerber genommen, der besser ins gewohnte Raster passt. Darüber, dass der Hochbegabte für die Arbeit vielleicht viel besser geeignet wäre, wird nicht nachgedacht oder der Mut, ihn einzustellen, wird nicht aufgebracht.

> *„Beruflich macht sich die Hochbegabung leider bislang nur in der Art bemerkbar, dass ich besonders schnell im Schreiben von Bewerbungen geworden bin." (Paul, 28)*

> *„Es sollte im Beruf nicht negativ ausgelegt werden, wenn man nach zwei, drei Jahren gern wieder etwas anderes machen möchte, statt sich für Jahrzehnte auf ein bestimmtes Arbeitsgebiet zu beschränken (was ich an meinem Arbeitsplatz, einer Behörde, leider als den Normalfall erlebe)." (Max, 36)*

> *„Wichtig wäre ein Zulassen von mehr ‚krummen' und andersartigen Lebensläufen im beruflichen Umfeld." (Bernd, 47)*

> *„Viele Sachen bringe ich mir autodidaktisch bei. Das ist bei Arbeitgebern nicht immer ein Vorteil." (Helmut, 48)*

> *„Aber dass meine intellektuelle Begabung beruflich nie wirklich zum Tragen kommen konnte, schmerzt mich. Ich hätte so viel zu bieten, habe aber das Gefühl, dass es keiner haben will. Ich nutze meine Begabung zumindest privat." (Judith, 43)*

Da Hochbegabte auch im beruflichen Kontext immer wieder Abwechslung, Herausforderungen und anspruchsvolle Aufgaben suchen, ist bei vielen der berufliche Lebensweg von kontinuierlichen Veränderungen gekennzeichnet. Wie stark diese Veränderungen sind, ist sehr verschieden. Manche haben einen Beruf oder eine Branche gefunden, in der sie sich weiterentwickeln können. Andere wechseln Beruf und Branche öfter, um Weiterentwicklung zu erfahren. Einige können oder wollen sich auch für keinen Weg entscheiden.

> *„Ich habe Probleme damit, mich für länger an einen bestimmten Beruf zu binden, und habe des Öfteren die Richtung komplett gewechselt. Ich habe mir mein Leben so eingerichtet, dass ich nicht darauf angewiesen bin, bis zum Rentenalter in der gleichen beruflichen Situation bleiben zu müssen, lege mich da ungern fest, halte mir stets mehrere Alternativen in der Hinterhand und lege Pausen ein, wenn mir alles zu bindend erscheint." (Silke, 46)*

> *„Beruflich fällt mir vieles leicht – und langweilt mich. Mir ist es sehr schwer gefallen, mich für einen Weg zu entscheiden, ich habe mich auch wieder umentschieden und weiß heute, dass ich definitiv nicht mein ganzes Leben diesen einen Job machen werde." (Monika, 24)*

Sich für einen Weg zu entscheiden, fällt manchen Hochbegabten nicht leicht. Zum einen bedeutet dies, sich teilweise oder zumindest für eine gewisse Zeit, gegen andere Alternativen zu entscheiden und nicht alles machen zu können. Zum anderen haben Hochbegabte oft sehr hohe Ansprüche an ihre Arbeit. So entscheiden sie sich ungern für eine Arbeit, die diesen Ansprüchen nur bedingt standhalten kann. Die Ansprüche Hochbegabter an ihre Arbeit können vielfältig sein. Zunächst haben sie sehr hohe Ansprüche an sich selber, und ihr Perfektionismus kann ihnen hier im Weg stehen. Aber auch die Schwierigkeit, ihr eigenes Leistungsvermögen richtig einzuschätzen sowie die Ansprüche ihrer potenziellen Arbeitgeber, kann ein Hindernis sein. So denken sie beispielsweise, dass sie für vieles nicht gut genug sind, und trauen sich vieles nicht zu. Dann trauen sie sich vielleicht nicht, sich für ihren Wunschjob oder ihre Wunschausbildung zu bewerben oder überhaupt darüber nachzudenken. Wenn sie von ihrer Hochbegabung jedoch wissen, kann sich dies schnell ändern, und der zuvor fehlende Mut ist kein Hinderungsgrund mehr.

Hochbegabte haben meist hohe Ansprüche an die Arbeit und das Arbeitsumfeld. Die Arbeit soll in der Regel viel mehr sein als der reine Geldverdienst. Derjenige möchte einer Arbeit nachgehen, die wirklich zu ihm passt und hinter der er wirklich stehen kann. So kommen häufig sehr viele Komponenten zusammen, die stimmen sollen. Da Hochbegabte sich nicht gerne mit halben Sachen und Kompromissen zufriedengeben, wird die Berufswahl und Jobsuche nicht einfacher. Auch wenn es schwer fällt, sollten die eigenen Ansprüche und auch die der anderen immer mal wieder überprüft werden. Sonst kann man Gefahr laufen, ein Leben lang unrealistischen Zielen und Wünschen hinterherzulaufen. Am Ende bleibt schlimmstenfalls das Gefühl, nichts richtig geschafft und sich doch permanent abgemüht zu haben.

Der berufliche Lebensweg ist ein Prozess, der gerade für Hochbegabte nicht immer leicht zu gestalten und zu gehen ist. Denn durch die Hochbegabung und die damit verbundenen Besonderheiten passen sie oft nicht in die Norm. Damit umzugehen und gleichzeitig den für sich stimmigen Weg zu finden, kann anstrengend sein. Als vorteilhaft sehen daher viele Hochbegabte ein Arbeitsumfeld an, in dem sie größtenteils mit anderen intelligenten oder hochbegabten Menschen zusammenarbeiten. Hier wird die Kommunikation und das ganze Miteinander als einfacher empfunden. Vieles ist selbstverständlich und nicht erklärungsbedürftig. Der Hochbegabte gehört mehr dazu und fällt nicht (unangenehm) auf. Die Arbeitsanforderung und Arbeitsweise entsprechen eher den Eigenschaften und Vorlieben Hochbegabter.

> *„Früher: Mobbing wegen Andersartigkeit. Heute: Spezialisierung im Job mit ebenfalls größtenteils intelligenten Kollegen.“ (Paula, 43)*

> *„Dafür brauche ich keine besonderen Strategien. Ich habe das Gefühl, dass ich größtenteils ohnehin täglich von Leuten umgeben bin, die (undiagnostiziert) selber HB sein könnten oder zumindest vom IQ her nicht viel drunter sind. Vielleicht liegt es daran, aber Hochbegabung ist im Alltag eigentlich meist gar kein Thema für mich.“ (Sandra, 34)*

> *„Zusammenarbeit mit anderen Intelligenten (mit oder ohne Test) macht mir weiterhin viel mehr Spaß und ist weit weniger an-*

strengend – auch wenn das Niveau dann natürlich eher höher ist." (Anja, 49)

„Ich bereue manchmal, keinen akademischen Beruf ergriffen zu haben. Innerhalb meiner Berufsgruppe fühle ich mich ziemlich unwohl und deplatziert. Ich denke, in einem tendenziell eher akademischen Umfeld würde ich besser zurechtkommen." (Janine, 29)

„Für die Leistungsmotivation und das Arbeitsverhalten wäre es hilfreich, mit ‚Gleichgesinnten' zusammenzuarbeiten. Auf der anderen Seite ist es für die soziale Entwicklung unabdingbar, in gesellschaftskonformen/normalen Verhältnissen aufzuwachsen." (Leo, 19)

Daneben gibt es auch einige Branchen und Berufe, die nach eigener Aussage von Hochbegabten favorisiert werden. Hierzu gehören unter anderem der IT-Bereich, Arbeiten im technischen Bereich, in der Forschung oder Entwicklung, an Universitäten, in Beratungsfirmen, im kreativen Bereich, in Firmen oder Abteilungen mit Schwerpunkt Innovation oder in Bereichen, wo Nachhaltigkeit, Umweltschutz oder Ähnliches eine tragende Rolle spielt. Einige Hochbegabte wünschen sich auch spezielle Jobbörsen für Hochbegabte. Davon erhoffen sie sich, dass die Bewerbersuchenden die Besonderheiten von Hochbegabten kennen, diese als Vorzüge schätzen und eben genau danach suchen.

Die „perfekte" Arbeit sieht für jeden anders aus. Ebenso wie Erfolg und Leistung für jeden individuell sind. Daher wird es letztendlich so viele Berufswege geben, wie es Menschen gibt. Jeder hat seinen eigenen Weg und sein eigenes Tempo. Vor allem das sollten Hochbegabte nicht vergessen. Der Weg muss nicht so sein wie bei der „Norm", aber er muss auch nicht komplett anders sein, weil jemand hochbegabt ist. Er wird nicht immer so sein, wie wir ihn uns wünschen oder andere ihn von uns erwarten. Oft wird es für Hochbegabte zu langsam gehen, und ihre Geduld wird auf die Probe gestellt werden. Wer im Laufe des Lebens lernt, auch hier die (vermeintlich) kleinen Schritte zu würdigen, dranzubleiben – auch wenn es schwer fällt – oder abzubiegen, wenn es keinen Sinn mehr hat, der wird irgendwann auf dem für ihn richtigen Weg angekommen sein.

Bei allen Überlegungen, was für einen selber oder für hochbegabte Erwachsene generell der „perfekte" Job wäre, darf die Freude an der Tätigkeit nicht vergessen werden. Nur weil jemand ein besonderes Talent hat, eine Tätigkeit sehr gut kann oder ein Job gut zu ihm passen würde, heißt das noch lange nicht, dass derjenige das auch möchte oder machen „muss". Innere Zufriedenheit bei der Arbeit kommt nur, wenn wir dies auch mit dem Herzen tun. Das Herz und Bauchgefühl sollte in alle Überlegungen mit einbezogen werden.

Anregungen für den Umgang mit eigener Hochbegabung im Berufsleben in Kürze:

- Bei Zurückhaltung oder Anpassung überprüfen, ob dies noch in Ordnung oder bereits zu viel ist
- Bei zu hohem Anpassungsdruck dahinter liegende Mechanismen ansehen für geeignete Lösungsstrategien
- Bei Missverständnissen und Unstimmigkeiten Ursachen – auch mithilfe von Chef/Kollegen – suchen und ansprechen
- Bei Unterforderung für „positive" Auslastung und Abwechslung sorgen, nicht nur mehr Desselben machen
- Nach Arbeit suchen, die Herausforderungen oder anspruchsvolles Umfeld mit sich bringt
- Nach Arbeit mit viel Freiheit, Freiraum und eigenem Gestaltungsrahmen suchen
- Jobfelder mit zu viel Fremdbestimmung, Beschränkungen, Routine, wenig Weiterentwicklung und ggf. zu viel Teamarbeit meiden
- Ggf. Unternehmen/Strukturen mit flachen Hierarchien suchen
- Ggf. Chefs, Kollegen, Personalabteilungen über Hochbegabung aufklären
- Arbeitsumfeld mit Gleichgesinnten, ähnlich denkenden Personen suchen
- Eigene Stärken und Fähigkeiten kennen und realistisch einschätzen lernen
- Eigene Vorstellungen und Ansprüche mit der Realität abgleichen
- Freude, Herz und Bauchgefühl mit in Überlegungen einbeziehen

Exkurs: Schule – Was ist sinnvoll?

Dieses Buch handelt natürlich in erster Linie von hochbegabten Erwachsenen. Diese sind in der Regel keine Schüler mehr, und so spielt die Schule als Lernort für sie selber im täglichen Leben meist keine aktive Rolle mehr. Gleichzeitig ist die Schulzeit eine sehr prägende Zeit, die gerade auch bei Hochbegabten weitreichende Auswirkungen haben kann und diejenigen oft noch viele Jahre lang beschäftigt. So ist es nicht verwunderlich, dass sich auch in meiner Befragung sehr viele Teilnehmer zum Thema Schule, schulischen Rahmenbedingungen und Lehrern geäußert haben. Dem Großteil dieser vielen, wertvollen Gedanken und Äußerungen soll dieses Kapitel gewidmet werden. Denn viele hochbegabte Erwachsene begleitet dieses Thema durch ihre eigenen Kinder oder Enkelkinder oder ihren Beruf weiter. Vielleicht finden sie hier hilfreiche Denkanstöße. Natürlich ist das Thema Hochbegabung und Schule viel viel größer und komplexer als dieses Kapitel. Es beschäftigt seit vielen Jahren Wissenschaftler und wird intensiv beforscht. Daher ist dies wirklich nur ein kleiner Exkurs, in dem Gedanken und Wünsche von hochbegabten Erwachsenen hierzu dargestellt werden. Denn sie wünschen sich vieles von Schulen und Lehrern, und es wäre hilfreich, wenn einiges davon zu Schulen, Lehrern und Bildungsverantwortlichen vordringen würde.

Geschultes Personal

Ein ganz großes Anliegen Hochbegabter ist, dass sie sich pädagogisches Personal an Schulen wünschen, das sich mit Hochbegabung auskennt. Als Erstes bedeutet dies, dass Lehrer und Pädagogen überhaupt in der Lage sind, Hochbegabung zu erkennen. Das ist natürlich nicht einfach, und es bedarf Unterstützung bei der genauen Diagnostik, aber vor allem sollten Lehrer beim Einschätzen des Potenzials ihrer Schüler nicht nur nach deren Schulleistungen gehen. Es wurde festgestellt, dass Lehrkräfte insgesamt nicht schlecht darin sind, die Intelligenz ihrer Schüler einzuschätzen, wenn die gesamte Gruppe der Lehrer betrachtet wird. Jedoch gibt es erhebliche Unterschiede zwischen den einzelnen Lehrkräften, so dass einige eben sehr gute, andere sehr schlechte Diagnostiker sind. Je nach Fähigkeit des Lehrers kann dies erhebliche Auswirkungen auf das hochbegabte Kind und seinen weiteren Weg haben. Denn, wenn derjenige noch nicht einmal als hochbegabt identifiziert wurde, kann er natürlich auch nicht dementsprechend behandelt und gefördert werden. Dies kann viele Missverständnisse und Fehlinterpretationen zur Folge haben.

Aber auch wenn der erste Schritt, das Erkennen des Potenzials eines Schülers, geschafft ist, ist noch lange nicht alles „in trockenen Tüchern“. Aus den gewonnenen Informationen müssen nun die entsprechenden Handlungsschritte und Konsequenzen abgeleitet werden. Hier ist jeder Fall individuell zu betrachten, um wirklich die passenden (Förder-)Maßnahmen zu finden. Das erfordert neben Wissen um Hochbegabung vor allem Zeit und Energie, was im heutigen Schulalltag meist Mangelware ist. Sollte bis hierher im besten Fall alles gut verlaufen sein, folgt nun die Umsetzung der beschlossenen Maßnahmen – die nächste Hürde im Schulalltag. Die Gesamtsituation ist also komplex und die Folgen zuweilen weitreichend.

> *„Lehrer sollten wirklich besser zum Thema Hochbegabung informiert werden. Ich wurde aufgrund schlechter Leistungen aus Langeweile zurückgestuft, was fatale Folgen hatte – anstatt mich meinen Fähigkeiten entsprechend zu fördern.“ (Agnes, 42)*

> *„Ich hatte die Ehre, zweimal von der Schule zu fliegen dank Lehrern, die von meiner Hochbegabung wussten und mir das Leben zur Hölle gemacht haben ...“ (Peer, 31)*

> *„Vorteilhafte Rahmenbedingungen sind GANZ KLAR: Aufmerksame Lehrer, die Hochbegabungen erkennen und dementsprechend handeln. (Hatte ich leider ganz und gar nicht, hatte daher eine recht katastrophale Schulzeit, habe aber mit der Oberstufe rechtzeitig die Kurve gekriegt und bin nun sehr glücklich an der Uni.)“ (Constantin, 22)*

> *„Ich glaube, dass das Thema in der Lehrerausbildung besser verankert sein muss, damit dann dementsprechend in den Schulen Hochbegabung ihren Platz findet und akzeptiert wird. Nicht als Massenphänomen (wie es viele Eltern gerne hätten, da ja auch ihr Kind ganz doll begabt ist), sondern so, dass Kinder/Menschen verschieden sind und manche halt in diesem Bereich anders gefördert werden sollten. Dann können die mit ihren Ressourcen*

auch als Erwachsene ganz normal hervorragend umgehen.“ (Elisa, 48)

Lehrer sollten also nicht nur in der Lage sein, Hochbegabung zu erkennen, sondern auch, mit dieser individuell umzugehen. Das erfordert ein gehöriges Maß an Wissen über Hochbegabung, und so wünschen sich viele Hochbegabte, dass das Thema Hochbegabung Bestandteil der Lehrerausbildung sein sollte. Hierzu zählt auch, dass nicht nur Wissen über Hochbegabung vermittelt wird, sondern auch Aufklärung darüber, wie die Abgrenzung von Hochbegabung zu beispielsweise ADHS oder ASS ist. Nun gibt es inzwischen viele Sonderfälle, über die Lehrer natürlich nicht immer im Einzelnen detailliert Bescheid wissen können, aber eine verstärkte Sensibilisierung wäre hilfreich sowie genügend entsprechende Anlaufstellen, wo sich Lehrer Unterstützung holen können. Hochbegabte wünschen sich aufmerksame und empathische Lehrer, die Unstimmigkeiten oder Probleme bemerken und sich dann an Fachkräfte wenden, so dass ein bestmöglicher Umgang mit der Hochbegabung sowie förderliche Rahmenbedingungen für das hochbegabte Kind geschaffen werden. Das gilt natürlich nicht nur für hochbegabte Schüler, für alle Schüler sollten vorteilhafte Lern- und Förderbedingungen geschaffen werden – soweit dies im Rahmen des Möglichen ist.

> *„Ein wesentlicher Schritt zu besseren Entwicklungsmöglichkeiten für Hochbegabte wäre eine bessere Ausbildung und Sensibilisierung von Lehrern für den Umgang mit Hochbegabten.“ (Jochen, 54)*

> *„Nach meinem Empfinden ist der Umgang bzw. die Akzeptanz in den letzten Jahren deutlich besser geworden, auch zum Beispiel an den Schulen. Es gibt aber generell zu wenig Bewusstsein für die besonderen Belange dieser Gruppe und dementsprechend auch zu wenig Förderung.“ (Klaus, 46)*

> *„Sinnvolle Rahmenbedingungen müssten so sein, dass die mutmaßlich höhere Begabung nicht als problematisch angesehen, sondern als Chance verstanden wird. Ich merke bei meinen Kindern, wie entscheidend der passende Blickwinkel schon und besonders in KiTa und Schule sein kann. Hier müsste viel mehr mit*

den entsprechenden Verantwortlichen gearbeitet werden." (Alexander, 40)

„Aus meiner Sicht gilt nicht nur für Hochbegabte, sondern für alle Kinder, dass Diversität viel besser akzeptiert sein müsste. Besonders pädagogisches Personal müsste darauf fachlich und persönlich viel besser vorbereitet werden." (Monika, 44)

Manche Lehrer haben Bedenken, den hochbegabten Schülern nicht gerecht zu werden. Einige scheinen regelrecht ein wenig Angst vor ihnen zu haben. Oder Angst davor, der Schüler könnte mehr wissen als sie selbst. Dabei braucht dies an sich gar kein Problem darzustellen, nur der Umgang damit kann zu Problemen führen. Auch hier würde Wissen über Hochbegabung helfen.

Vor allem aber spielen die bewussten und unbewussten Vorstellungen von Lehrern gegenüber hochbegabten Schülern eine entscheidende Rolle in der gemeinsamen Beziehung und Zusammenarbeit. Studien wie die von Tanja Gabriele Baudson und Franzis Preckel[28] zeigen, dass Lehrer hier durchaus unzutreffende Vorstellungen haben. So unterscheiden sich hochbegabte Schüler von durchschnittlich begabten Schülern in der Regel lediglich im Bereich der kognitiven Leistungsfähigkeit. Sie sind nicht anfälliger für Probleme als nicht hochbegabte Schüler. Lehrer gehen jedoch davon aus, dass hochbegabte Schüler (vor allem Jungen) beispielsweise verhaltensauffälliger seien als durchschnittlich begabte Schüler, obwohl es hierzu keine objektiven Erkenntnisse gibt. Diese Ergebnisse zeigen, dass weiterhin Aufklärung zum Thema Hochbegabung und eine richtige Darstellung Hochbegabter auch in der Öffentlichkeit und den Medien vonnöten ist. Denn die Erwartungen und Einstellungen der Lehrer und anderer Bezugspersonen können weitreichende Folgen für die weitere (schulische) Entwicklung der Kinder haben.

Akzeptanz und Anerkennung

Neben dem Wunsch nach geschultem pädagogischen Personal gibt es auch ein großes Bedürfnis Hochbegabter nach Akzeptanz und Anerkennung von Hochbegabung. Dieses besteht nicht nur im schulischen Kontext. Generell scheint es Menschen – zumindest in Deutschland – nicht schwerzufallen, herausragende

28 vgl.: Baudson & Preckel, 2013, S. 37–46.

sportliche oder musische Leistungen anzuerkennen. Bei kognitiven Leistungen sieht dies schon anders aus. Obwohl die Schule auf das Erreichen kognitiver Leistungen ausgerichtet ist, machen viele hochbegabte Schüler hier andere Erfahrungen. Wenn sie weiter oder schneller sind als ihre Mitschüler, erhalten viele direkt oder indirekt die Botschaft, dass sie sich an das Tempo und den Klassendurchschnitt anpassen sollen. Das kann vonseiten der Lehrkräfte geschehen oder vonseiten der Mitschüler. Zum Teil ist dies unbewusst und ungewollt, aber dadurch nicht weniger real für den Hochbegabten. Oft wird Hochbegabten auch offen widergespiegelt, dass sie sich in die Gegebenheiten einfügen sollen. Nicht selten kann sich daraus Mobbing oder eine andere Art der Verletzung oder Ausgrenzung entwickeln.

Schule hat ihre Regeln, und jeder Schüler muss sich in einem gewissen Rahmen anpassen. Das ist in unserem System so. Mehr Akzeptanz und Anerkennung von „Abweichungen von der Norm“ sind aber unerlässlich für ein friedvolles und bereicherndes Miteinander sowie die Voraussetzung dafür, dass jeder Schüler sein Potenzial entfalten kann. Denn Schule sollte neben dem Erlernen von bestimmten Lehrinhalten auch dazu da sein, Potenziale der Schüler zutage treten zu lassen und die Qualitäten jedes einzelnen wertzuschätzen sowie zu fördern.

Förderung und Lernmöglichkeiten

Spezielle Förderung und differenzierte Lernmöglichkeiten sind bei vielen Hochbegabten ein vieldiskutiertes und sehr vielschichtiges Thema. Jeder Einzelfall ist anders und erfordert dementsprechend andere Maßnahmen. Eins haben aber fast alle gemeinsam: die Tatsache, dass sie sich Förderung wünschen. Und unter Förderung werden nicht immer Spezialprogramme für Hochbegabte verstanden. Viele hochbegabte Erwachsene sehen Förderung, die sie sich gewünscht hätten oder als sinnvoll für Hochbegabte erachten, viel allgemeiner. Sie sehen „fördern“ auch im Sinne von „fordern“ und dadurch die Möglichkeit, bestimmte Fertigkeiten und Kompetenzen aufzubauen. Diese umfassen auch Fähigkeiten, die nicht hochbegabte Schüler eher im normalen Schulalltag erlernen als Hochbegabte. Gemeint sind beispielsweise eine gewisse Beharrlichkeit, Frusttoleranz, Ausdauer oder Ähnliches, was beim Lernen unabdingbar ist. Also Fähigkeiten, die Hochbegabte zum Teil wenig lernen müssen. Da sie gerade in den ersten Klassen ihrer Schullaufbahn häufig die Sachverhalte schnell durchdringen und mit wenig Aufwand die geforderten

Aufgaben lösen können, gibt es bestimmte Fertigkeiten, die sie nicht so ausbauen können wie andere Schüler. Das kann jedoch bei komplexeren Aufgaben in höheren Klassen, später bei Ausbildung oder Studium sowie im Beruf zu Problemen führen.

> *„Es muss vermittelt werden, dass trotz Begabung Arbeit, Fleiß, Lernen im Leben notwendig sind und dies auch gelernt werden muss." (Moritz, 33)*

> *„Ich denke, dass es mir in meiner Jugendzeit gut getan hätte, wenn sich jemand mit mir regelmäßig hingesetzt hätte und mich quasi dazu gezwungen hätte, mir persönliche Ziele zu setzen und jeweils daran zu bleiben, Strategien und Zwischenziele zu entwickeln, um die Ziele dann auch tatsächlich zu erreichen." (Peter, 46)*

> *„Ich denke mir wäre es zugutegekommen, bereits zu Schulzeiten mit komplexeren Anforderungen konfrontiert worden zu sein. So musste ich erst während des Studiums Fähigkeiten wie Beharrlichkeit, Belohnungsaufschub und Ausdauer bei der Bewältigung langwieriger intellektueller Aufgaben mühsam erwerben, die vielleicht für andere Kinder bereits selbstverständlich in der Schulzeit mit erworben werden." (Lisa, 25)*

Die Notwendigkeit, hochbegabte Schüler in der Schule zu fördern, resultiert natürlich aus ihren besonderen kognitiven Fähigkeiten. Diese wollen gefordert werden, sonst droht Langeweile mit allen ihren zum Teil verheerenden Folgeerscheinungen.

> *„Meine Schulzeit war ein einziges Martyrium. Die Langeweile, die ich zwölf Schuljahre ertragen musste, reicht für den Rest meines Lebens!" (Phillip, 18)*

> *„Toll wäre eine Schule außerhalb des ‚offiziellen' deutschen Bildungssystems oder 1–2 Klassen überspringen (habe ich beides nie gehabt und es bitter bereut.) Denn die Unterforderung, die*

sich aus Hochbegabung ergibt, ist das Schlimmste. Hieraus können sich viele Probleme in der Entwicklung ergeben." (Nick, 22)

„Die dauerhafte Langeweile in der Schule hat mein Lernverhalten zerstört, da ich auch ohne Aufwand gute Noten bekam. Für mich war es eher ein Zeitabsitzen, Warten auf das Ende. Dadurch baut sich auch ein Widerstand gegen die Schule auf, der sich jetzt (leider) auf die Uni überträgt." (Lydia, 18)

„Hilfreich wäre, (Aus-)Bildung schneller zu erwerben, um Langeweile zu vermeiden." (Willy, 56)

Da in der Schule größtenteils nicht selbstbestimmt agiert werden kann, ist das Kind in der Schule im Besonderen auf die Unterstützung und Kooperation der Lehrer angewiesen. Hier wird häufig bemängelt, dass eine Förderung der leistungsschwachen Schüler selbstverständlich ist, eine Förderung der leistungsstarken und/oder hochbegabten Schüler oft nicht oder viel zu wenig existiert. Sicherlich gibt es Ausnahmen und in einigen Schulen vielfältige Förderung. Für viele Hochbegabte ist dies jedoch nach wie vor zu wenig. Besonders problematisch kann es zudem sein, wenn das hochbegabte Kind kein hochleistendes ist und ihm deshalb Zugang zu Förderung verwehrt wird.

„Nach unten wird immer alles versucht abzufangen, aber nach oben hin werden wir alleingelassen. Ich hatte schon viele Gespräche mit der Schulleitung, Klassenlehrerin und anderen Lehrkräften. Niemand dort scheint zu begreifen, wie schlecht es uns an der Schule ergeht. Meine Tochter hat mittlerweile schon keine Lust mehr hinzugehen und verweigert auch schon Sachen. Und das, obwohl ihre Begabung bekannt ist an der Schule. Niemanden interessiert es." (Birte, 34)

„Gleich wichtig wäre es, dass man nicht davon abgehalten wird, über das Leistungsniveau anderer zu schreiten. So eine Art Deckelung kann für Hochbegabte sehr frustrierend sein." (Lukas, 20)

„Es wird aus meiner Sicht in der Schule nur auf hochleistende Kinder geachtet, nicht auf hochbegabte.“ (Sonja, 55)

„Förderungen in Schulen! Leider bestehen diese, wenn vorhanden, in der Regel nur aus zusätzlichen AGs.“ (Vanessa, 21)

„Kleine Klassen, besser ausgebildete Lehrer, besser motivierte Lehrer (was sich aus den beiden Punkten vorher ergeben könnte, aber auch durch eine bessere Bezahlung). Insgesamt individuellere Bildungsmöglichkeiten für hoch-, normal- und wenig begabte Menschen.“ (Wolfgang, 50)

„Über Möglichkeiten zur Begabtenförderung habe ich aus Schulzeiten nichts in Erinnerung ...“ (Christoph, 34)

„In der normalen Schule sind oft die Möglichkeiten nicht gegeben, den Wissensdurst von Hochbegabten zu stillen ... Das Gehirn braucht ebenso Futter wie ein Muskel – nur andere Kost!“ (Vicky, 34)

Es gibt vielfältige Meinungen und Lösungsansätze, wie man hochbegabten Kindern in der Schule gerecht werden kann und ob dies in Hochbegabtenklassen, Spezialschulen oder Regelschulen stattfinden soll. Diese Thematik füllt eigene Bücher und kann hier nur angerissen werden. Dennoch sind für Hochbegabte sicher Rahmenbedingungen vorteilhaft, die den Schülern ausreichende Herausforderungen bieten und mehr Flexibilität erlauben. Günstig wäre eine weniger starre Schullaufbahn mit mehr Freiräumen, mehr Flexibilität in der Gestaltung des Unterrichts für individuellere Lernmöglichkeiten und differenzierteres Arbeiten sowie insgesamt weniger Gleichmacherei.

Die Freude am Lernen zu fördern und zu erhalten ist für alle – natürlich nicht nur für hochbegabte Schüler – wichtig. Außerdem sind Freunde und Gleichgesinnte unabdingbar für eine positive Schulzeit. Manchmal ist es für Hochbegabte nicht einfach, diese zu finden. Gute Chancen dafür bieten zum Beispiel Projektarbeiten, gemeinsames Lernen mit „gleich“-denkenden Schülern, Arbeits- oder Interessengemeinschaften sowie Förderprogramme.

Für viele dieser wünschenswerten Rahmenbedingungen und Maßnahmen wäre jedoch auch mehr pädagogisches Personal nötig. Die Lehrkräfte bräuchten neben spezifischem Wissen über Hochbegabung mehr Freiraum und müssten im Täglichen weniger überlastet sein. So wäre auch das Unterrichten in kleineren Klassen und Raum für individuellere Betreuung möglich. Momentan und auch zukünftig scheinen wir davon weit entfernt zu sein. Dies bekommen leider meist die Schüler und Eltern schmerzhaft zu spüren, die nicht komplett in die Norm und das aktuelle Schulsystem passen. Häufig genug müssen sie alleine zusehen, wie sie unter den aktuellen Bedingungen zurechtkommen, und das heißt für viele einfach nur „irgendwie" die Schule schaffen. Die Förderung individueller Talente oder das Ausschöpfen aller Potenziale ist nicht vorgesehen. Dies ist nicht nur für die einzelne Person tragisch, sondern auch gesamtgesellschaftlich betrachtet eine absolute Verschwendung von Ressourcen.

4 Zum Schluss – Was wünschen sich Hochbegabte?

Was sich hochbegabte Erwachsene wünschen und welche Rahmenbedingungen sowie welches Umfeld sie für förderlich halten, ist natürlich schon in die vorangegangenen Kapitel miteingeflossen. Dennoch soll hier noch mal explizit den wichtigsten Wünschen und Bedürfnissen Hochbegabter Raum gegeben werden.

4.1 Andere Hochbegabte

Wenn Hochbegabte danach gefragt werden, wie für sie vorteilhafte Rahmenbedingungen aussehen, stehen „andere Hochbegabte" und ein „intelligentes Umfeld" ganz oben. Der Wunsch nach Gleichgesinnten, ähnlich begabten Personen und generell einem intelligenten Umfeld ist sehr groß. Und dies wird in allen Lebensbereichen – sowohl im Privatleben als auch in Schule, Ausbildung und Beruf – als gleich wichtig angesehen. Viele berichten, dass Probleme, die in Umgebungen ohne andere hochbegabte oder ähnlich begabte Personen auftreten, in Kontexten mit anderen Hochbegabten oft nicht entstehen oder existieren. Das Zusammensein sei vielmals „einfacher" und die Kommunikation reibungsloser, weil vieles nicht erklärungsbedürftig ist.

Manch Hochbegabter empfindet das Zusammensein mit anderen Hochbegabten sogar als völlig „andere Welt". Gerade Hochbegabte, die eher in einem bildungsfernen Umfeld aufgewachsen sind oder im Alltag wenig von ähnlich begabten Personen umgeben sind, erleben unter ähnlich denkenden, ebenfalls intelligenten oder hochbegabten Personen erstmals so etwas wie Zugehörigkeit oder „Normalität". Manche sagen von sich, dass sie nur mit anderen Hochbegabten wirklich so sein können, wie sie sind. Denn nur dort ist für sie die ersehnte Passung gegeben. Allerdings gibt es hier auch andere Meinungen. Einige Hochbegabte haben gerade in Situationen oder bei Treffen mit anderen Hochbegabten negative Erfahrungen gemacht. Der Wunsch nach anderen Hochbegabten ist eben nicht bei allen gleich stark ausgeprägt.

Dennoch: Die meisten hochbegabten Erwachsenen empfinden andere intelligente oder ähnlich begabte Menschen als äußerst positiv, diese müssen aber nicht zwingend hochbegabt sein. Und wichtig ist ganz klar vor allem ein respektvolles und wohlwollendes Miteinander.

4.2 Akzeptanz und Bekanntheit von Hochbegabung

Ein sehr großes Anliegen von hochbegabten Erwachsenen ist, dass Hochbegabung einen anderen gesellschaftlichen Stellenwert haben sollte. Bei anderen großen Begabungen oder herausragenden Leistungen zum Beispiel im sportlichen, musischen oder künstlerischen Bereich scheint es eben ganz selbstverständlich zu sein, dass diese hoch angesehen und wertgeschätzt werden. Bei kognitiven Begabungen sieht dies vielmals anders aus. Personen, die ein hohes kognitives Potenzial aufweisen und hier Leistungen zeigen, werden oftmals in die „Streberecke" gestellt und zum Teil missgünstig angesehen. Hochbegabte haben dann das Gefühl, dass es besser wäre ihre Hochbegabung zu verstecken. Die Freude über ihre Fähigkeiten ist im Vergleich zu anderen Talenten in der Gesellschaft oft wesentlich geringer, obwohl der gesellschaftliche Nutzen und Beitrag für alle Personen zuweilen viel höher ist.

Viele Hochbegabte wünschen sich daher, dass Hochbegabung insgesamt mehr geschätzt und akzeptiert wird. Das beinhaltet auch einen offeneren Umgang mit Hochbegabung. Sicherlich sind es auch die Hochbegabten selber, die aufgrund negativer Erfahrungen mit der eigenen Hochbegabung nicht offen umgehen. Um diese Offenheit zu erlangen, sind mehr Akzeptanz und Anerkennung von Hochbegabung notwendig. Akzeptanz und Anerkennung können meiner Meinung nach erst entstehen, wenn mehr Aufklärung über Hochbegabung stattgefunden hat und insgesamt mehr Wissen über Hochbegabung in der Gesellschaft vorhanden ist. Solange viele Menschen aufgrund mangelnder Kenntnisse nicht wirklich verstehen, was Hochbegabung ist, und teilweise völlig falsche Vorstellungen und Stereotype dieser Gruppe vor Augen haben, ist auch eine größtmögliche Akzeptanz und Anerkennung von Hochbegabung schwierig. Hochbegabte wollen, dass das Thema bekannter gemacht wird, mehr Aufklärung stattfindet und es mehr Personen – auch im schulischen und beruflichen Kontext – gibt, die sich damit auskennen. Wenn mehr Wissen über Hochbegabung vorhanden ist, haben auch Vorurteile gegenüber Hochbegabten und Fehleinschätzungen weniger Raum. So müssen Hochbegabte nicht weiter dagegen ankämpfen oder versuchen, diese aus der Welt zu schaffen.

Akzeptanz ist der Schlüssel, den sich viele Hochbegabte von ihrem Umfeld und der Gesellschaft allgemein wünschen. Dabei gibt es verschiedene Meinungen. Einige Hochbegabte wollen, dass ganz konkret die Hochbegabung anerkannt und akzeptiert wird. Andere sind der Meinung, dass generell mehr Akzeptanz in der Bevölkerung vorteilhaft wäre und es im Grunde keine Rolle spielt, um welche Art der „Andersartigkeit" es sich handelt.

Wenn mit Hochbegabung offen umgegangen wird, das Phänomen allgemein bekannter ist und dementsprechend Vorurteile geringer sowie Akzeptanz und Anerkennung höher sind, können im Idealfall Hochbegabte so sein, wie sie sind. Denn Hochbegabte wollen sich nicht aus Angst vor Ausgrenzung verstecken müssen. Sie wollen ihre Fähigkeiten zeigen können und mit diesen ihren Beitrag zur Gesellschaft leisten.

4.3 Freiheit und Freiraum

Die Themen Freiheit und Freiraum wurden bereits im Kapitel „Besonderheiten bei der Arbeit und beim Lernen" betrachtet. Jedoch durchzieht dieser Aspekt bei Hochbegabten das ganze Leben und Sein. Nicht nur im beruflichen Kontext ist das Bedürfnis danach groß, auch im privaten Bereich und in ihrer Denkweise ist der Drang nach Freiheit und Freiraum ein wesentliches Charakteristikum von Hochbegabten. So bezeichnen erwachsene Hochbegabte, wenn sie nach ihren bevorzugten Rahmenbedingungen gefragt werden, vor allem ein durch viel Freiheit gekennzeichnetes Umfeld als optimal.

Einige wünschen sich auch eine fast 100%ige Freiheit – ohne jegliche alltägliche und/oder finanzielle Verpflichtung. Sicher können Hochbegabte (und die meisten anderen Menschen auch) unter solchen Bedingungen ihrer Kreativität noch mehr freien Lauf lassen, aber realistisch ist dieser Zustand meist weniger. Für Manche wäre eine quasi grenzenlose Freiheit vielleicht auch gar nicht so vorteilhaft. Denn ein gewisser Rahmen, der Orientierung und Sicherheit bietet, kann die Kreativität und Produktivität auch in positive Bahnen lenken. Und letztendlich wollen die meisten Menschen produktiv sein und sich als selbstwirksam erleben.

Insgesamt spielen Autonomie und Selbstbestimmung für Hochbegabte eine große Rolle. Dies ist nicht nur im Sinne von Wahlmöglichkeiten gemeint oder davon, möglichst viel auszuprobieren und kreativ zu sein, sondern gerade auch, wenn das Gegenteil der Fall ist. Wenn Freiheit ganz fehlt oder nur ungenügend vorhanden ist, zeigt sich das Bedürfnis danach besonders. So kann das Fehlen von Freiraum und zu starke Begrenzung vehemente, negative Reaktionen hervorrufen und Hochbegabte in der Entfaltung ihres Potenzials stark hemmen. Dies führt letztendlich nicht nur zu verringerter Produktivität, sondern hat vor allem negative Auswirkungen auf das Wohlbefinden und die Seele Hochbegabter. Wenn hier die Rede von Freiheit und Freiraum ist, ist keine grenzenlose Freiheit gemeint, die oft auch auf Kosten anderer geht. Gemeint ist aber wohl ein vergleichsweise höheres Maß davon als bei vielen anderen Personen.

4.4 Abwechslung, Anregung und Förderung

Neben Freiraum und Freiheit besitzt das Bedürfnis nach Abwechslung und Anregung eine hohe Dringlichkeit im Leben Hochbegabter. Neugier, Herausforderungen und Horizonterweiterungen sind für sie nicht die Ausnahme, sondern die Norm und gehören zum ganz „normalen" Alltag dazu. Wie stark die Ausprägungen sind und in welchen Bereichen sie vornehmlich zutage treten ist verschieden. Ebenso wie der Umgang damit sehr individuell ist. Manch einer geht einem sehr anspruchsvollen, fordernden Beruf nach, jemand anders sucht sich abwechslungsreiche Hobbys, ein anderer hat vielleicht aufgrund seiner familiären Situation genug Herausforderungen zu meistern. Nicht immer sind die Abwechslung und Aufgaben positiv. Allerdings werden Herausforderungen und Anregungen generell von Hochbegabten eher als positiv betrachtet. Sie wollen gefordert und gefördert werden. Die Begabungen und das Potenzial wollen genutzt werden. Aus diesem Grund halten viele Hochbegabte natürlich auch ein möglichst anregendes und förderndes Umfeld für sinnvoll – und dies in jedem Alter.

Gerade der Früherkennung von Hochbegabung und einem darauf folgenden Umgang werden eine große Bedeutung beigemessen. Denn dann besteht eher die Chance, dass sich Hochbegabte ihren Begabungen entsprechend entwickeln, sich selbst weniger im Weg stehen und ihren Weg gehen können. Sie hierbei durch angemessene Förderung zu begleiten ist das Ziel. Neben einer speziellen Förderung von Hochbegabten wünschen sich viele auch, dass Begabungen und Talente generell mehr gefördert werden, und, dass natürlicher und selbstverständlicher mit Förderung umgegangen wird. Denn so können sich alle Menschen besser in ihren Bereichen entwickeln.

4.5 Hochbegabung ist nicht alles!

Hochbegabt zu sein, beeinflusst das eigene Leben – ja. UND: Auch andere Dinge spielen entscheidende Rollen. Jede Persönlichkeit setzt sich aus verschiedenen Komponenten zusammen. Jeder macht unterschiedliche Erfahrungen, ist geprägt durch individuelle Lebensumstände. So ist auch das, was sich Hochbegabte wünschen und brauchen, unterschiedlich. Wie wir gesehen haben, halten viele Hochbegabte besondere Rahmenbedingungen für vorteilhaft. Denn sie sind der Meinung, dass sich Hochbegabte hier besonders wohlfühlen oder besser ihre Persönlichkeit entfalten können. Gleichwohl gibt es genügend Hochbegabte, die das genaue Gegenteil sagen und finden, dass Hochbegabte kein spezielles Umfeld brauchen, um besonders gut klarzukommen. Sie sind oft der Ansicht, dass Hochbegabte – wie die meisten anderen Menschen auch – in jeder Umgebung gut zurechtkommen können. Denn um sich wohlzufühlen, sind in erster Linie Dinge wie sich angenommen zu fühlen, eine wertschätzende Haltung allen gegenüber und gegenseitiger Respekt entscheidend.

Um sich überall zurechtzufinden, kommt es natürlich auch auf die Person selber an und was sie aus der jeweiligen Situation macht beziehungsweise wie weit sie sich integrieren möchte. Nicht immer ist dies einfach, und nicht in jeder Lage ist dies gleich gut möglich. Aber es gehören eben immer auch zwei Seiten dazu, die zueinanderfinden möchten. Auch sagen einige hochbegabte Erwachsene, dass Hochbegabte gerade durch ihre Hochbegabung schon sehr viele Vorteile haben und daher keine Extras benötigen.

Wie und wo man am besten zurechtkommt, ist sehr unterschiedlich. Denn die Erfahrungen, die Menschen im Laufe ihres Lebens machen, sind einfach zu verschieden. Leider sind diese manchmal eher negativ, vor allem wenn bekannt ist, dass jemand hochbegabt ist. Dann reagieren einige Mitmenschen (oft aufgrund falscher Vorstellungen über Hochbegabung) anders, als sie dies bei nicht hochbegabten Personen tun würden. Auch wenn für den Hochbegabten seine Hochbegabung gar kein Thema ist, kann sie durch die Reaktion oder das Verhalten des anderen plötzlich an Bedeutung gewinnen. So etwas passiert relativ häufig. Denn für viele Hochbegabte spielt ihre Hochbegabung keine besondere Rolle. Sie kennen das Leben ja nicht anders, für sie ist das alles völlig normal und gut. Zum Problem wird es teilweise erst durch die anderen.

Und bei allem sollte nicht vergessen werden, dass Hochbegabung eine Facette eines Menschen ist, das Leben aber aus weitaus mehr besteht.

Hochbegabung ist eben nicht alles ...

Dank

Ich möchte mich sehr herzlich bei den vielen Personen bedanken, die dieses Buch möglich gemacht haben.

Mein größter Dank geht an alle Klienten, die zahlreichen Teilnehmer der Befragung und viele andere Hochbegabte. Sie alle haben mir mit sehr viel Offenheit, Ehrlichkeit und Vertrauen von ihrem Leben als hochbegabte Erwachsene berichtet und unendlich viele wertvolle Ideen beigesteuert. Ohne diesen enormen Beitrag hätte das Buch nicht entstehen können.

Ich danke Alke Fingerhut für ihr umfassendes Lektorat und ihre vielen guten Anregungen und Verbesserungen. Ebenso möchte ich mich bei Dr. Daniela Liebscher bedanken, die mir wichtige Impulse zum Fertigschreiben gegeben hat. Vielen Dank natürlich auch an meinen Verlag und meine Lektorin Alexandra Wilken, die durch ihre freundliche und geduldige Art eine große Unterstützung war.

Und ein riesiger Dank gebührt meiner Familie – vor allem meinem Mann. Ohne seinen Rückhalt und sein Vertrauen in mich wäre dieses Buch wohl nie fertig geworden.

Literatur

Arnold, D. & Großgasteiger, I. (2014). *Ressourcenorientierte Hochbegabtenberatung.* Weinheim, Basel: Beltz.

Arnold, D. & Preckel, F. (2011). *Hochbegabte Kinder klug begleiten. Ein Handbuch für Eltern.* Weinheim, Basel: Beltz.

Aron, E. N. (2013). *Sind Sie hochsensibel? Wie Sie Ihre Empfindsamkeit erkennen, verstehen und nutzen* (9. Aufl.). München: mvg-Verlag.

Baudson, T. G., Fischbach, A. & Preckel, F. (2016). Teacher judgments as measures of children's cognitive ability: a multilevel analysis. *Learning and individual differences: a multidisciplinary journal in education, 52,* 148–156.

Baudson, T. G. & Preckel, F. (2013). Teachers' implicit personality theories about the gifted: An experimental approach. *School Psychology Quarterly, 28,* 37–46.

Baudson, T. G. & Viergutz (2017). Wir sind Hochstapler. *MinD-Magazin. Die offizielle Zeitschrift von Mensa in Deutschland e.V., 119,* 9–12.

Bodzin, C. (2014). *Sozialkompetenz und chronischer Stress bei hochbegabten Erwachsenen.* Verfügbar unter: https://ihbv.nl/cms/wp-content/uploads/2015/01/Bodzin-MASTERARBEIT-2014-Charlotte-Bodzin-2322744.pdf [29.10.2018].

Brackmann, A. (2008a). *Ganz normal hochbegabt. Leben als hochbegabter Erwachsener* (3. Aufl.). Stuttgart: Klett-Cotta.

Brackmann, A. (2008b). *Jenseits der Norm – hochbegabt und hoch sensibel?* (5. Aufl.). Stuttgart: Klett-Cotta.

Breedijk, J., Nauta, N. & Rau, J. (2018). *Extrem beschenkt und sehr sensibel. Hochbegabte Jugendliche – wie sie ticken, was sie brauchen.* Weinheim, Basel: Beltz.

Brody, L. E., Barnett, L. B. & Mills, C. J. (1994). Gender differences among talented adolescents. In: K. A. Heller & E. A. Hany (Hrsg.), *Competence and responsibility. The third European Conference of the European Council for High Ability held in Munich (German), October 11–14, 1992* (S. 204–210.). Göttingen: Hogrefe & Huber.

Feger, B. (1988). *Hochbegabung. Chancen und Probleme.* Bern: Hans Huber.

Feger, B. (2002). Probleme hoch begabter Mädchen und Frauen. In: H. Wagner (Hrsg.), *Hoch begabte Mädchen und Frauen. Begabungsentwicklung und Geschlechterunterschiede.* Tagungsbericht (2. Aufl.) (S. 29–41). Bad Honnef: Karl Heinrich Bock.

Fietze, K. (2010). *Kluge Mädchen. Frauen entdecken ihre Hochbegabung.* Berlin: Orlanda.

Führlich, I. (2008). *Lebenslänglich hochbegabt. Was Hochbegabte erleben, welche Förderung sie sich wünschen und welche nicht* (2. Aufl.). Münster: MV Wissenschaft.

García, M. (2011). *Hochbegabung bei Erwachsenen. Sind Sie noch Katze oder schon Hund?* (3. Aufl.). Norderstedt: Books on Demand.

Gross, M. (1989). The pursuit of excellence or the search for intimacy? The forced-choice dilemma of gifted youth. *Roeper Review, 11,* 189–194.

Heintze, A. (2013). *Außergewöhnlich normal. Hochbegabt, hochsensitiv, hochsensibel: Wie Sie Ihr Potential erkennen und entfalten.* München: Ariston.

Hensel, U. (2013). *Mit viel Feingefühl. Hochsensibilität verstehen und wertschätzen.* Paderborn: Junfermann.

Hossiep, R., Frieg, P., Frank, R. & Scheer, H.-D. (2013). *Zusammenhänge zwischen Hochbegabung und berufsbezogenen Persönlichkeitseigenschaften.* Verfügbar unter: http://www.testentwicklung.de/mam/forschungsbericht_bip_hb.pdf [29.10.2018].

Jacobsen, M.-E. (1999). *The Gifted Adult. A Revolutionary Guide for Liberating Everyday Genius.* New York: Ballantine Books.

Kerr, B. A. (1991). *Smart girls, gifted women* (4. Aufl.). Dayton: Ohio Psychology Press.

Kerr, B. A. (1997). *Smart Girls: A New Psychology of Girls, Women, and Giftedness.* Scottsdale: Great Potential Press.

Leslie, M. (2000). The vexing legacy of Lewis Terman. *Stanford Magazine.* Verfügbar unter: https://alumni.stanford.edu/get/page/magazine/article/?article_id=40678 [04.10.2018].

Marletta-Hart, S. (2015). *Leben mit Hochsensibilität. Herausforderung und Gabe* (7. Aufl.). Bielefeld: Aurum.

Miller, A. (1997). *Das Drama des begabten Kindes. Eine Um- und Fortschreibung.* Frankfurt: Suhrkamp.

Nauta, N. & Ronner, S. (2013). *Gifted Worker. Hitting the target.* Maastricht: Shaker Media.

Niklas, C. & Niklas, A. (2017). *Die Rätselhaften. Wie Hochbegabte besser mit sich und anderen leben.* München: Kösel.

Parlow, G. (2003). *Zart besaitet. Selbstverständnis, Selbstachtung und Selbsthilfe für hochsensible Menschen* (2. Aufl.). Wien: Festland Verlag.

Pluess, M., Assary, E., Lionetti, F., Lester, K. J., Krapohl, E., Aron, E. N. & Aron, A. (2018). Environmental sensitivity in children: Development of the Highly Sensitive Child Scale and identification of sensitivity groups. *Developmental Psychology, 54(1),* 51–70.

Preckel, F. & Vock, M. (2013). *Hochbegabung. Ein Lehrbuch zu Grundlagen, Diagnostik und Fördermöglichkeiten.* Göttingen: Hogrefe.

Reis, S. (1998). *Work Left Undone. Choices & Compromises of Talented Females.* Connecticut: Creative Learning Press.

Reis, S. (2002). Internal barriers, personal issues, and decisions faced by gifted and talented females. *Gifted Child Today, 25.* Verfügbar unter: http://www.trailblazercoaching.com/wp-content/uploads/2015/06/Gifted-Women1.pdf [29.10.2018].

Rost, D. H. (2013). *Handbuch Intelligenz.* Weinheim, Basel: Beltz.

Rowe, A. (2001). *Where Have All the Smart Women Gone?* Bellingham: Smart People Books.

Scheer, H.-D. (2010). *Wie ich werde, was ich bin. (Selbst-)Coaching für hochbegabte Erwachsene.* Norderstedt: Books on Demand.

Scheidt, J. vom (2006). *Das Drama der Hochbegabten. Zwischen Genie und Leistungsverweigerung* (2. Aufl.). München: Piper.

Schulz von Thun, F. (1998). *Miteinander reden 1. Störungen und Klärungen. Allgemeine Psychologie der Kommunikation.* Reinbek: Rowohlt.

Schwiebert, A. (2015). *Kluge Köpfe, krumme Wege? Wie Hochbegabte den passenden Berufsweg finden.* Paderborn: Junfernmann.

Seiwert, L. J. (1998). *30 Minuten für optimales Zeitmanagement.* Offenbach: Gabal.

Sellin, R. (2013). *Wenn die Haut zu dünn ist. Hochsensibilität – vom Manko zum Plus* (8. Aufl.). München: Kösel.

Sher, B. (2006). *Refuse to Choose!: A Revolutionary Program for Doing Everything That You Love.* Emmaus: Rodale.

Sher, B. (2008). *Du musst dich nicht entscheiden, wenn du tausend Träume hast* (2. Aufl.). München: Deutscher Taschenbuch Verlag.

Siaud-Facchin, J. (2017). *Zu intelligent, um glücklich zu sein? Was es heißt, hochbegabt zu sein.* München: Goldmann.

Skarics, M. (2007). *Sensibel kompetent. Zart besaitet und erfolgreich im Beruf.* Wien: Festland Verlag.

Stapft, A. (2002). Geschlechterunterschiede. Begabungsentwicklung bei Mädchen und Jungen am Beispiel intellektueller Hochbegabung. In: H. Wagner (Hrsg.), *Hoch begabte Mädchen und Frauen. Begabungsentwicklung und Geschlechterunterschiede.* Tagungsbericht (2. Aufl.) (S. 11–28). Bad Honnef: Karl Heinrich Bock.

Stapf, A. (2010). *Hochbegabte Kinder. Persönlichkeit, Entwicklung, Förderung* (5. Aufl.). München: C. H. Beck.

Streznewski, M. K. (1999). *Gifted Grownups. The Mixed Blessings of Extraordinary Potential.* New York: John Wiley & Sons.

Webb, J. T., Gore, J. L., Amend, E. R. & De Vries, A. R. (2012). *Hochbegabte Kinder. Das große Handbuch für Eltern.* Bern: Hans Huber.

Winner, E. (1998). *Hochbegabt: Mythen und Realitäten von außergewöhnlichen Kindern.* Stuttgart: Klett-Cotta.

Wittmann, A. & Holling, H. (2004). *Hochbegabtenberatung in der Praxis* (2. Aufl.). Göttingen: Hogrefe.

Ziegler, A. (2008). *Hochbegabung.* München: Ernst Reinhardt Verlag.